TRANZLATY

Sprache ist für alle da

Kieli kuuluu kaikille

Das Kommunistische Manifest

Kommunistinen Manifesti

Karl Marx
&
Friedrich Engels

Deutsch / Suomi

Published by Tranzlaty
ISBN: 978-1-80572-329-5
Original text by Karl Marx and Friedrich Engels
The Communist Manifesto
First published in 1848
www.tranzlaty.com

Einleitung
Johdanto

Ein Gespenst geht um in Europa – das Gespenst des Kommunismus

Eurooppaa vainoaa aave – kommunismin haamu

Alle Mächte des alten Europa sind eine heilige Allianz eingegangen, um dieses Gespenst auszutreiben

Kaikki vanhan Euroopan vallat ovat liittyneet pyhään liittoon manatakseen tämän aaveen

Papst und Zaren, Metternich und Guizot, französische Radikale und deutsche Polizeispione

Paavi ja tsaari, Metternich ja Guizot, ranskalaiset radikaalit ja saksalaiset poliisivakoojat

Wo ist die Oppositionspartei, die von ihren Gegnern an der Macht nicht als kommunistisch verschrien wurde?

Missä on oppositiopuolue, jota sen vallassa olevat vastustajat eivät ole tuominneet kommunistiseksi?

Wo ist die Opposition, die nicht den Brandvorwurf des Kommunismus gegen die fortgeschritteneren Oppositionsparteien zurückgeschleudert hat?

Missä on oppositio, joka ei ole heittänyt takaisin kommunismin leimausmoitetta edistyneempiä oppositiopuolueita vastaan?

Und wo ist die Partei, die den Vorwurf nicht gegen ihre reaktionären Gegner erhoben hat?

Ja missä on puolue, joka ei ole esittänyt syytöksiä taantumuksellisia vastustajiaan vastaan?

Aus dieser Tatsache ergeben sich zweierlei

Tästä seuraa kaksi asiaa

I. Der Kommunismus wird bereits von allen europäischen Mächten als eine Macht anerkannt

I. Kaikki Euroopan vallat ovat jo tunnustaneet kommunismin itse vallaksi

II. Es ist höchste Zeit, dass die Kommunisten ihre Ansichten, Ziele und Tendenzen offen vor der ganzen Welt offenlegen

II. Kommunistien on korkea aika avoimesti koko maailman edessä julkistaa näkemyksensä, päämääränsä ja taipumuksensa

sie müssen diesem Kindermärchen vom Gespenst des Kommunismus mit einem Manifest der Partei selbst begegnen

heidän on kohdattava tämä kommunismin aaveen lastentarhatarina puolueen itsensä manifestilla

Zu diesem Zweck haben sich Kommunisten verschiedener Nationalitäten in London versammelt und folgendes Manifest entworfen

Tätä tarkoitusta varten eri kansallisuuksia edustavat kommunistit ovat kokoontuneet Lontooseen ja luonnostelleet seuraavan manifestin

Dieses Manifest wird in deutscher, englischer, französischer, italienischer, flämischer und dänischer Sprache veröffentlicht

Tämä manifesti julkaistaan englannin, ranskan, saksan, italian, flaamin ja tanskan kielellä

Und jetzt soll es in allen Sprachen veröffentlicht werden, die Tranzlaty anbietet

Ja nyt se julkaistaan kaikilla Tranzlatyn tarjoamilla kielillä

Bourgeois und Proletarier
Porvaristo ja proletaarit

Die Geschichte aller bisherigen Gesellschaften ist die Geschichte der Klassenkämpfe

Kaikkien tähän asti olemassa olleiden yhteiskuntien historia on luokkataistelujen historiaa

Freier und Sklave, Patrizier und Plebejer, Herr und Leibeigener, Zunftmeister und Geselle

Freeman ja orja, patriisi ja plebeija, herra ja maaorja, kiltamestari ja kisälli

mit einem Wort, Unterdrücker und Unterdrückte

sanalla sanoen, sortaja ja sorrettu

Diese sozialen Klassen standen in ständiger Opposition zueinander

Nämä yhteiskuntaluokat olivat alituisessa vastakkainasettelussa

Sie führten einen ununterbrochenen Kampf. Jetzt versteckt, jetzt offen

He jatkoivat keskeytymätöntä taistelua. Nyt piilossa, nyt auki

Ein Kampf, der entweder in einer revolutionären Rekonstitution der Gesellschaft als Ganzes endete

taistelu, joka joko päättyi koko yhteiskunnan vallankumoukselliseen jälleenrakentamiseen

oder ein Kampf, der im gemeinsamen Ruin der streitenden Klassen endete

tai taistelu, joka päättyi kilpailevien luokkien yhteiseen tuhoon

Blicken wir zurück auf die früheren Epochen der Geschichte

Katsokaamme taaksepäin historian aikaisempiin aikakausiin

Wir finden fast überall eine komplizierte Einteilung der Gesellschaft in verschiedene Ordnungen

Löydämme melkein kaikkialla monimutkaisen yhteiskunnan järjestelyn eri järjestyksiin

Es gab schon immer eine mannigfaltige Abstufung des sozialen Ranges

Sosiaalinen asema on aina ollut moninkertainen

Im alten Rom gibt es Patrizier, Ritter, Plebejer, Sklaven
Muinaisessa Roomassa meillä on patriisit, ritarit, plebeijit,
orjat
im Mittelalter: Feudalherren, Vasallen, Zunftmeister,
Gesellen, Lehrlinge, Leibeigene
keskiajalla: feodaaliset herrat, vasallit, kiltamestarit, kisällit,
oppipojat, orjat
In fast allen diesen Klassen sind wiederum untergeordnete
Abstufungen
Lähes kaikissa näissä luokissa taas alisteiset asteikot
Die moderne Bourgeoisie Gesellschaft ist aus den
Trümmern der feudalen Gesellschaft hervorgegangen
Nykyaikainen porvarisyhteiskunta on versonut feodaalisen
yhteiskunnan raunioista
Aber diese neue Gesellschaftsordnung hat die
Klassengegensätze nicht beseitigt
Mutta tämä uusi yhteiskuntajärjestys ei ole poistanut
luokkavastakohtaisuuksia
Sie hat nur neue Klassen und neue
Unterdrückungsbedingungen geschaffen
Se on vain luonut uusia luokkia ja uusia sorron olosuhteita
Sie hat neue Formen des Kampfes an die Stelle der alten
gesetzt
Se on vakiinnuttanut uusia taistelumuotoja vanhojen tilalle
Die Epoche, in der wir uns befinden, weist jedoch eine
Besonderheit auf
Aikakaudella, jossa olemme, on kuitenkin yksi erottuva piirre
die Epoche der Bourgeoisie hat die Klassengegensätze
vereinfacht
porvariston aikakausi on yksinkertaistanut
luokkavastakohtaisuuksia
Die Gesellschaft als Ganzes spaltet sich mehr und mehr in
zwei große feindliche Lager
Koko yhteiskunta on yhä enemmän jakautumassa kahteen
suureen vihamieliseen leiriin

zwei große soziale Klassen, die sich direkt gegenüberstehen: Bourgeoisie und Proletariat
kaksi suurta yhteiskuntaluokkaa, jotka ovat suoraan vastakkain: porvaristo ja proletariaatti
Aus den Leibeigenen des Mittelalters gingen die Bürger der ersten Städte hervor
Keskiajan maaorjista syntyivät varhaisimpien kaupunkien rahdatut porvarit
Aus diesen Bürgern entwickelten sich die ersten Elemente der Bourgeoisie
Näistä porvareista kehitettiin porvariston ensimmäiset elementit
Die Entdeckung Amerikas und die Umrundung des Kaps
Amerikan löytäminen ja Kapin pyöristäminen
diese Ereignisse eröffneten der aufstrebenden Bourgeoisie neues Terrain
nämä tapahtumat avasivat uuden maaperän nousevalle porvaristolle
Die ostindischen und chinesischen Märkte, die Kolonisierung Amerikas, der Handel mit den Kolonien
Itä-Intian ja Kiinan markkinat, Amerikan kolonisaatio, kauppa siirtomaiden kanssa
die Vermehrung der Tauschmittel und der Waren überhaupt
vaihtovälineiden ja yleensä tavaroiden lisääntyminen
Diese Ereignisse gaben dem Handel, der Schiffahrt und der Industrie einen nie gekannten Impuls
Nämä tapahtumat antoivat kaupalle, navigoinnille ja teollisuudelle impulssin, jota ei ole koskaan ennen tunnettu
Sie gab dem revolutionären Element in der wankenden feudalen Gesellschaft eine rasche Entwicklung
Se antoi nopean kehityksen horjuvan feodaalisen yhteiskunnan vallankumoukselliselle elementille
Geschlossene Zünfte hatten das feudale System der industriellen Produktion monopolisiert
Suljetut killat olivat monopolisoineet teollisen tuotannon feodaalisen järjestelmän

Doch das reichte den wachsenden Bedürfnissen der neuen Märkte nicht mehr aus

Tämä ei kuitenkaan enää riittänyt uusien markkinoiden kasvaviin tarpeisiin

Das Manufaktursystem trat an die Stelle des feudalen Systems der Industrie

Valmistusjärjestelmä korvasi feodaalisen teollisuusjärjestelmän

Die Zunftmeister wurden vom produzierenden Bürgertum auf die Seite gedrängt

Kiltamestarit työnnettiin syrjään valmistavan keskiluokan toimesta

Die Arbeitsteilung zwischen den verschiedenen korporativen Innungen verschwand

Työnjako eri yrityskiltojen välillä katosi

Die Arbeitsteilung durchdrang jede einzelne Werkstatt

Työnjako tunkeutui jokaiseen työpajaan

In der Zwischenzeit wuchsen die Märkte immer weiter und die Nachfrage stieg immer weiter

Sillä välin markkinat jatkoivat kasvuaan ja kysyntä kasvoi jatkuvasti

Selbst Fabriken reichten nicht mehr aus, um den Anforderungen gerecht zu werden

Edes tehtaat eivät enää riittäneet vastaamaan vaatimuksiin

Daraufhin revolutionierten Dampf und Maschinen die industrielle Produktion

Tämän jälkeen höyry ja koneet mullistivat teollisen tuotannon

An die Stelle der Manufaktur trat der Riese, die moderne Industrie

Valmistuspaikan otti jättiläinen, moderni teollisuus

An die Stelle des industriellen Mittelstandes traten industrielle Millionäre

Teollisen keskiluokan paikan ottivat teolliset miljonäärit

an die Stelle der Führer ganzer Industriearmeen trat die moderne Bourgeoisie

kokonaisten teollisuusarmeijoiden johtajien paikan otti
nykyaikainen porvaristo
**die Entdeckung Amerikas ebnete der modernen Industrie
den Weg zur Etablierung des Weltmarktes**
Amerikan löytäminen tasoitti tietä nykyaikaiselle
teollisuudelle maailmanmarkkinoiden perustamiseksi
**Dieser Markt gab dem Handel, der Schifffahrt und der
Kommunikation auf dem Landweg eine ungeheure
Entwicklung**
Nämä markkinat kehittivät valtavasti kauppaa, navigointia ja
maaviestintää
**Diese Entwicklung hat seinerzeit auf die Ausdehnung der
Industrie reagiert**
Tämä kehitys on aikanaan reagoinut teollisuuden
laajenemiseen
**Sie reagierte in dem Maße, wie sich die Industrie
ausbreitete, und wie sich Handel, Schiffahrt und Eisenbahn
ausdehnten**
Se reagoi suhteessa siihen, miten teollisuus laajeni ja miten
kauppa, navigointi ja rautatiet laajenivat
**in demselben Maße, in dem sich die Bourgeoisie
entwickelte, vermehrte sie ihr Kapital**
samassa suhteessa kuin porvaristo kehittyi, he lisäsivät
pääomaansa
**und das Bourgeoisie drängte jede aus dem Mittelalter
überlieferte Klasse in den Hintergrund**
ja porvaristo työnsi taka-alalle jokaisen keskiajalta periytyneen
luokan
**daher ist die moderne Bourgeoisie selbst das Produkt eines
langen Entwicklungsganges**
sen vuoksi nykyaikainen porvaristo on itse pitkän
kehityskulun tuote
**Wir sehen, dass es sich um eine Reihe von Revolutionen in
der Produktions- und Tauschweise handelt**
Näemme, että se on sarja vallankumouksia tuotanto- ja
vaihtotavoissa

Jeder Schritt der Bourgeoisie Entwicklung ging mit einem entsprechenden politischen Fortschritt einher
Jokaista porvariston kehitysaskelta seurasi vastaava poliittinen edistysaskel

Eine unterdrückte Klasse unter der Herrschaft des feudalen Adels
Sorrettu luokka feodaalisen aateliston vallassa

ein bewaffneter und selbstverwalteter Verein in der mittelalterlichen Kommune
Aseellinen ja itsehallinnollinen yhdistys keskiaikaisessa kunnassa

hier eine unabhängige Stadtrepublik (wie in Italien und Deutschland)
täällä itsenäinen kaupunkitasavalta (kuten Italiassa ja Saksassa)

dort ein steuerpflichtiger "dritter Stand" der Monarchie (wie in Frankreich)
siellä verotettava monarkian "kolmas omaisuus" (kuten Ranskassa)

Danach, in der Zeit der eigentlichen Herstellung
sen jälkeen varsinaisen valmistuksen aikana

die Bourgeoisie diente entweder der halbfeudalen oder der absoluten Monarchie
porvaristo palveli joko puolifeodaalista tai absoluuttista monarkiaa

oder die Bourgeoisie fungierte als Gegengewicht zum Adel
tai porvaristo toimi vastapainona aatelistoa vastaan

und in der Tat war die Bourgeoisie ein Eckpfeiler der großen Monarchien überhaupt
ja itse asiassa porvaristo oli suurten monarkioiden kulmakivi yleensä

aber die moderne Industrie und der Weltmarkt haben sich seitdem etabliert
mutta moderni teollisuus ja maailmanmarkkinat vakiinnuttivat asemansa siitä lähtien

und die Bourgeoisie hat sich die ausschließliche politische Herrschaft erobert

ja porvaristo on voittanut itselleen yksinomaisen poliittisen vallan

sie erreichte diese politische Herrschaft durch den modernen repräsentativen Staat

se saavutti tämän poliittisen vallan nykyaikaisen edustuksellisen valtion kautta

Die Exekutive des modernen Staates ist nichts anderes als ein Verwaltungskomitee

Nykyaikaisen valtion toimeenpanevat elimet ovat vain hallintokomitea

und sie leiten die gemeinsamen Angelegenheiten der gesamten Bourgeoisie

ja he hoitavat koko porvariston yhteisiä asioita

Die Bourgeoisie hat historisch gesehen eine höchst revolutionäre Rolle gespielt

Porvaristolla on historiallisesti ollut mitä vallankumouksellisin osa

Wo immer sie die Oberhand gewann, machte sie allen feudalen, patriarchalischen und idyllischen Verhältnissen ein Ende

Missä tahansa se sai yliotteen, se lopetti kaikki feodaaliset, patriarkaaliset ja idylliset suhteet

Sie hat erbarmungslos die bunten feudalen Bande zerrissen, die den Menschen an seine "natürlichen Vorgesetzten" banden

Se on säälimättömästi repinyt rikki kirjavat feodaaliset siteet, jotka sitoivat ihmisen "luonnollisiin esimiehiinsä"

Und es ist kein Nexus zwischen Mensch und Mensch übrig geblieben, außer nacktem Eigeninteresse

eikä se ole jättänyt jäljelle mitään muuta yhteyttä ihmisen ja ihmisen välille kuin paljaan oman edun tavoittelun

Die Beziehungen der Menschen zueinander sind zu nichts anderem geworden als zu einer gefühllosen "Geldzahlung"

Ihmisten keskinäisistä suhteista on tullut vain tunteeton
"käteismaksu"

**Sie hat die himmlischsten Ekstasen religiöser Inbrunst
ertränkt**

Se on hukuttanut uskonnollisen kiihkon taivaallisimmat
hurmiot

**sie hat ritterlichen Enthusiasmus und philiströsen
Sentimentalismus übertönt**

Se on hukuttanut ritarillisen innostuksen ja poroporvarillisen
sentimentalismin

**Sie hat diese Dinge im eisigen Wasser des egoistischen
Kalküls ertränkt**

Se on hukuttanut nämä asiat egoistisen laskelmoinnin jäiseen
veteen

Sie hat den persönlichen Wert in Tauschwert aufgelöst

Se on ratkaissut henkilökohtaisen arvon vaihdettavaksi
arvoksi

**Sie hat die zahllosen und unveräußerlichen verbrieften
Freiheiten ersetzt**

Se on korvannut lukemattomat ja luovuttamattomat
perusoikeuskirjan mukaiset vapaudet

**und sie hat eine einzige, skrupellose Freiheit geschaffen;
Freihandel**

ja se on luonut yhden, kohtuuttoman vapauden; Vapaakauppa

Mit einem Wort, sie hat dies für die Ausbeutung getan

Yhdellä sanalla sanoen, se on tehnyt tämän hyväksikäyttöä
varten

**Ausbeutung, verschleiert durch religiöse und politische
Illusionen**

uskonnollisten ja poliittisten illuusioiden verhoama
hyväksikäyttö

**Ausbeutung verschleiert durch nackte, schamlose, direkte,
brutale Ausbeutung**

hyväksikäyttö peittyy alastomaan, häpeämättömään, suoraan
ja julmaan hyväksikäyttöön

**die Bourgeoisie hat den Heiligenschein von jedem zuvor
geehrten und verehrten Beruf abgestreift**
porvaristo on riisunut sädekehän jokaisesta aikaisemmin
kunnioitetusta ja kunnioitetusta miehityksestä
**der Arzt, der Advokat, der Priester, der Dichter und der
Mann der Wissenschaft**
lääkäri, lakimies, pappi, runoilija ja tieteen mies
**Sie hat diese ausgezeichneten Arbeiter in ihre bezahlten
Lohnarbeiter verwandelt**
Se on muuttanut nämä ansioituneet työläiset
palkkatyöläisikseen
**Die Bourgeoisie hat der Familie den sentimentalen Schleier
weggerissen**
Porvaristo on repinyt tunteellisen verhon pois perheestä
**Und sie hat das Familienverhältnis auf ein bloßes
Geldverhältnis reduziert**
ja se on vähentänyt perhesuhteen pelkäksi rahasuhteeksi
**die brutale Zurschaustellung der Kraft im Mittelalter, die
die Reaktionäre so sehr bewundern**
keskiajan julma voimannäyttö, jota taantumukselliset niin
suuresti ihailevat
**Auch diese fand ihre passende Ergänzung in der trägesten
Trägheit**
Tämäkin löysi sopivan täydennyksensä laiskimmista
laiskuudesta
Die Bourgeoisie hat enthüllt, wie es dazu gekommen ist
Porvaristo on paljastanut, miten tämä kaikki tapahtui
**Die Bourgeoisie war die erste, die gezeigt hat, was die
Tätigkeit des Menschen bewirken kann**
Porvaristo on ensimmäisenä osoittanut, mitä ihmisen toiminta
voi saada aikaan
**Sie hat Wunder vollbracht, die ägyptische Pyramiden,
römische Aquädukte und gotische Kathedralen bei weitem
übertreffen**
Se on saavuttanut ihmeitä, jotka ylittävät paljon Egyptin
pyramidit, roomalaiset vesijohdot ja goottilaiset katedraalit

und sie hat Expeditionen durchgeführt, die alle früheren
Auszüge von Nationen und Kreuzzügen in den Schatten
stellten
ja se on johtanut retkikuntia, jotka asettavat varjoon kaikki
entiset kansojen exodukset ja ristiretket
**Die Bourgeoisie kann nicht existieren, ohne die
Produktionsmittel ständig zu revolutionieren**
Porvaristo ei voi olla olemassa ilman, että se jatkuvasti
mullistaa tuotantovälineitä
**und damit kann sie nicht ohne ihre Beziehungen zur
Produktion existieren**
ja siten se ei voi olla olemassa ilman suhteitaan tuotantoon
**und deshalb kann sie nicht ohne ihre Beziehungen zur
Gesellschaft existieren**
ja siksi se ei voi olla olemassa ilman suhteitaan yhteiskuntaan
**Alle früheren Industrieklassen hatten eine Bedingung
gemeinsam**
Kaikilla aikaisemmilla teollisuusluokilla oli yksi yhteinen ehto
Sie setzten auf die Bewahrung der alten Produktionsweisen
He luottivat vanhojen tuotantotapojen säilyttämiseen
**aber die Bourgeoisie brachte eine völlig neue Dynamik mit
sich**
mutta porvaristo toi mukanaan aivan uuden dynamiikan
**Ständige Revolutionierung der Produktion und
ununterbrochene Störung aller gesellschaftlichen
Verhältnisse**
Tuotannon jatkuva mullistaminen ja kaikkien
yhteiskunnallisten olojen keskeytymätön häiriintyminen
**diese immerwährende Unsicherheit und Unruhe
unterscheidet die Epoche der Bourgeoisie von allen früheren**
tämä ikuinen epävarmuus ja levottomuus erottaa porvariston
kaikista aikaisemmista
**Die bisherigen Beziehungen zur Produktion waren mit alten
und ehrwürdigen Vorurteilen und Meinungen verbunden**
Aikaisempiin tuotantosuhteisiin liittyi ikivanhoja ja
kunnioitettavia ennakkoluuloja ja mielipiteitä

Aber all diese festgefahrenen, eingefrorenen Beziehungen werden hinweggefegt

Mutta kaikki nämä kiinteät, nopeasti jäätyneet suhteet pyyhkäistään pois

Alle neu gebildeten Verhältnisse werden antiquiert, bevor sie erstarren können

Kaikki uudet suhteet vanhenevat ennen kuin ne ehtivät luutua

Alles, was fest ist, zerschmilzt in Luft, und alles, was heilig ist, wird entweiht

Kaikki kiinteä sulaa ilmaan, ja kaikki, mikä on pyhää, häpäistään

Der Mensch ist endlich gezwungen, mit nüchternen Sinnen seinen wirklichen Lebensbedingungen ins Auge zu sehen

Ihmisen on lopultakin pakko kohdata vakavat aistinsa, todelliset elinehtonsa

und er ist gezwungen, sich seinen Beziehungen zu seinesgleichen zu stellen

ja hänen on pakko kohdata suhteensa kaltaisiinsa

Die Bourgeoisie muss ständig ihre Märkte für ihre Produkte erweitern

Porvariston on jatkuvasti laajennettava tuotteidensa markkinoita

und deshalb wird die Bourgeoisie über die ganze Erdoberfläche gejagt

ja tämän vuoksi porvaristo ajetaan koko maapallon pinnan yli

Die Bourgeoisie muss sich überall einnisten, sich überall niederlassen, überall Verbindungen herstellen

Porvariston täytyy pesiytyä kaikkialla, asettua kaikkialle, luoda yhteyksiä kaikkialle

Die Bourgeoisie muss in jedem Winkel der Welt Märkte schaffen, um sie auszubeuten

Porvariston on luotava markkinoita maailman joka kolkkaan riistettäväksi

Die Produktion und der Konsum in jedem Land haben einen kosmopolitischen Charakter erhalten

Jokaisen maan tuotannolle ja kulutukselle on annettu kosmopoliittinen luonne

der Verdruss der Reaktionäre ist mit Händen zu greifen, aber er hat sich trotzdem fortgesetzt

taantumuksellisten suru on käsin kosketeltavaa, mutta se on jatkunut siitä huolimatta

Die Bourgeoisie hat der Industrie den nationalen Boden, auf dem sie stand, unter den Füßen weggezogen

Porvaristo on vetänyt teollisuuden jalkojen alta kansallisen maaperän, jolla se seisoi

Alle alteingesessenen nationalen Industrien sind zerstört worden oder werden täglich zerstört

Kaikki vanhat kansalliset teollisuudenalat on tuhottu tai tuhotaan päivittäin

Alle alteingesessenen nationalen Industrien werden durch neue Industrien verdrängt

Uudet teollisuudenalat syrjäyttävät kaikki vanhat kansalliset teollisuudenalat

Ihre Einführung wird zu einer Frage von Leben und Tod für alle zivilisierten Völker

Niiden käyttöönotosta tulee elämän ja kuoleman kysymys kaikille sivistyskansoille

Sie werden von Industrien verdrängt, die keine heimischen Rohstoffe mehr verarbeiten

Ne syrjäytetään teollisuudenaloilla, jotka eivät enää käytä kotimaisia raaka-aineita

Stattdessen beziehen diese Industrien Rohstoffe aus den entlegensten Zonen

Sen sijaan nämä teollisuudenalat vetävät raaka-aineita syrjäisimmiltä alueilta

Industrien, deren Produkte nicht nur zu Hause, sondern in allen Teilen der Welt konsumiert werden

teollisuudenalat, joiden tuotteita kulutetaan paitsi kotona myös joka puolella maailmaa

An die Stelle der alten Bedürfnisse, die durch die
Erzeugnisse des Landes befriedigt werden, treten neue
Bedürfnisse
Vanhojen tarpeiden sijasta, jotka maan tuotannot tyydyttävät,
löydämme uusia tarpeita
Diese neuen Bedürfnisse bedürfen zu ihrer Befriedigung
der Produkte aus fernen Ländern und Klimazonen
Nämä uudet tarpeet vaativat tyydyttääkseen kaukaisten
maiden ja ilmastojen tuotteita
An die Stelle der alten lokalen und nationalen
Abgeschiedenheit und Selbstversorgung tritt der Handel
Vanhan paikallisen ja kansallisen eristäytyneisyyden ja
omavaraisuuden tilalle meillä on kauppaa
internationaler Austausch in alle Richtungen; universelle
Interdependenz der Nationen
kansainvälinen vaihto joka suuntaan; kansakuntien
yleismaailmallinen keskinäinen riippuvuus
Und so wie wir von Materialien abhängig sind, so sind wir
von der intellektuellen Produktion abhängig
Ja aivan kuten olemme riippuvaisia materiaaleista, olemme
riippuvaisia henkisestä tuotannosta
Die geistigen Schöpfungen der einzelnen Nationen werden
zum Gemeingut
Yksittäisten kansakuntien älyllisistä luomuksista tulee yhteistä
omaisuutta
Nationale Einseitigkeit und Engstirnigkeit werden immer
unmöglicher
Kansallinen yksipuolisuus ja ahdasmielisyys käyvät yhä
mahdottomammiksi
Und aus den zahlreichen nationalen und lokalen Literaturen
entsteht eine Weltliteratur
Ja lukuisista kansallisista ja paikallisista kirjallisuuksista
syntyy maailmankirjallisuus
durch die rasche Verbesserung aller Produktionsmittel
parantamalla nopeasti kaikkia tuotantovälineitä
durch die immens erleichterten Kommunikationsmittel

valtavasti helpotetulla viestintävälineellä

Die Bourgeoisie zieht alle (auch die barbarischsten Nationen) in die Zivilisation hinein

Porvaristo vetää kaikki (jopa kaikkein barbaarisimmat kansakunnat) sivistykseen

Die billigen Preise seiner Waren; die schwere Artillerie, die alle chinesischen Mauern niederreißt

Sen hyödykkeiden halvat hinnat; raskas tykistö, joka lyö alas kaikki kiinalaiset muurit

Der hartnäckige Fremdenhass der Barbaren wird zur Kapitulation gezwungen

Barbaarien voimakas itsepäinen viha ulkomaalaisia kohtaan on pakko antautua

Sie zwingt alle Nationen, unter Androhung des Aussterbens, die Bourgeoisie Produktionsweise anzunehmen

Se pakottaa kaikki kansakunnat sukupuuttoon kuolemisen uhalla omaksumaan porvariston tuotantotavan

Sie zwingt sie, das, was sie Zivilisation nennt, in ihre Mitte einzuführen

Se pakottaa heidät tuomaan keskuuteensa sen, mitä se kutsuu sivilisaatioksi

Die Bourgeoisie zwingt die Barbaren, selbst zur Bourgeoisie zu werden

Porvaristo pakottaa barbaarit itse porvaristoksi

mit einem Wort, die Bourgeoisie schafft sich eine Welt nach ihrem Bilde

Sanalla sanoen, porvaristo luo maailman oman kuvansa mukaan

Die Bourgeoisie hat das Land der Herrschaft der Städte unterworfen

Porvaristo on alistanut maaseudun kaupunkien hallintaan

Sie hat riesige Städte geschaffen und die Stadtbevölkerung stark vergrößert

Se on luonut valtavia kaupunkeja ja lisännyt huomattavasti kaupunkiväestöä

Sie rettete einen beträchtlichen Teil der Bevölkerung vor der Idiotie des Landlebens
Se pelasti huomattavan osan väestöstä maaseudun elämän idiotismista

Aber sie hat die Menschen auf dem Lande von den Städten abhängig gemacht
Mutta se on tehnyt maaseudun asukkaat riippuvaisiksi kaupungeista

Und ebenso hat sie die barbarischen Länder von den zivilisierten abhängig gemacht
Samoin se on tehnyt barbaarimaat riippuvaisiksi sivistyneistä maista

Bauernnationen gegen Völker der Bourgeoisie, Osten gegen Westen
talonpoikien kansat porvariston kansakunnissa, itä lännessä

Die Bourgeoisie beseitigt den zerstreuten Zustand der Bevölkerung mehr und mehr
Porvaristo hävittää yhä enemmän väestön hajanaista tilaa

Sie hat die Produktion agglomeriert und das Eigentum in wenigen Händen konzentriert
Se on agglomeroitunut tuotanto ja keskittänyt omaisuuden muutamiin käsiin

Die notwendige Konsequenz daraus war eine politische Zentralisierung
Tämän välttämätön seuraus oli poliittinen keskittäminen

Es gab unabhängige Nationen und lose miteinander verbundene Provinzen
Siellä oli ollut itsenäisiä kansakuntia ja löyhästi toisiinsa liittyviä maakuntia

Sie hatten getrennte Interessen, Gesetze, Regierungen und Steuersysteme
Niillä oli erilliset intressit, lait, hallitukset ja verotusjärjestelmät

Aber sie sind zu einer Nation zusammengeschmolzen, mit einer Regierung

Mutta ne on niputettu yhteen yhdeksi kansakunnaksi, jolla on yksi hallitus

Sie haben jetzt ein nationales Klasseninteresse, eine Grenze und einen Zolltarif

Niillä on nyt yksi kansallinen luokkaetu, yksi raja ja yksi tullitariffi

Und dieses nationale Klasseninteresse ist unter einem Gesetzbuch vereinigt

Ja tämä kansallinen luokkaetu on yhdistetty yhteen lakikokoelmaan

die Bourgeoisie hat während ihrer knapp hundertjährigen Herrschaft viel erreicht

porvaristo on saavuttanut paljon vajaan sadan vuoden valtakautensa aikana

massivere und kolossalere Produktivkräfte als alle vorhergehenden Generationen zusammen

massiivisemmat ja valtavammat tuotantovoimat kuin kaikki aiemmat sukupolvet yhteensä

Die Kräfte der Natur sind dem Willen des Menschen und seiner Maschinerie unterworfen

Luonnonvoimat alistetaan ihmisen ja hänen koneistonsa tahdolle

Die Chemie wird auf alle Industrieformen und Landwirtschaftsformen angewendet

Kemiaa sovelletaan kaikkiin teollisuuden muotoihin ja maatalouden tyyppeihin

Dampfschiffahrt, Eisenbahnen, elektrische Telegraphen und die Druckerpresse

höyrymerenkulku, rautatiet, sähkölennätin ja kirjapaino

Rodung ganzer Kontinente für den Anbau, Kanalisierung von Flüssen

kokonaisten mantereiden raivaaminen viljelyä varten, jokien kanavointi

ganze Populationen wurden aus dem Boden gezaubert und an die Arbeit gebracht

Kokonaisia kansoja on loihdittu maasta ja pantu töihin

Welches frühere Jahrhundert hatte auch nur eine Ahnung von dem, was entfesselt werden könnte?
Millä aiemmalla vuosisadalla oli edes aavistustakaan siitä, mitä voitaisiin päästää valloilleen?

Wer hat vorausgesagt, dass solche Produktivkräfte im Schoß der gesellschaftlichen Arbeit schlummern?
Kuka ennusti, että tällaiset tuotantovoimat nukkuivat yhteiskunnallisen työn sylissä?

Wir sehen also, daß die Produktions- und Tauschmittel in der feudalen Gesellschaft erzeugt wurden
Näemme siis, että tuotanto- ja vaihtovälineet luotiin feodaalisessa yhteiskunnassa

die Produktionsmittel, auf deren Grundlage sich die Bourgeoisie aufbaute
tuotantovälineet, joiden perustalle porvaristo rakensi itsensä

Auf einer bestimmten Stufe der Entwicklung dieser Produktions- und Tauschmittel
Näiden tuotanto- ja vaihtovälineiden tietyssä kehitysvaiheessa

die Bedingungen, unter denen die feudale Gesellschaft produzierte und tauschte
olosuhteet, joissa feodaalinen yhteiskunta tuotti ja vaihtoi

Die feudale Organisation der Landwirtschaft und des verarbeitenden Gewerbes
Maatalouden ja tehdasteollisuuden feodaalinen organisaatio

Die feudalen Eigentumsverhältnisse waren mit den materiellen Verhältnissen nicht mehr vereinbar
Feodaaliset omistussuhteet eivät enää olleet yhteensopivia aineellisten ehtojen kanssa

Sie mussten gesprengt werden, also wurden sie auseinandergesprengt
Ne oli räjäytettävä, joten ne räjähtivät rikki

An ihre Stelle trat die freie Konkurrenz der Produktivkräfte
Heidän tilalleen astui vapaa kilpailu tuotantovoimista

Und sie wurden von einer ihr angepassten sozialen und politischen Verfassung begleitet

ja niihin liittyi siihen mukautettu sosiaalinen ja poliittinen
perustuslaki
**und sie wurde begleitet von der ökonomischen und
politischen Herrschaft der Bourgeoisie Klasse**
ja siihen liittyi porvariston luokan taloudellinen ja poliittinen
vaikutusvalta
**Eine ähnliche Bewegung vollzieht sich vor unseren eigenen
Augen**
Samanlainen liike on käynnissä omien silmiemme edessä
**Die moderne Bourgeoisie Gesellschaft mit ihren
Produktions-, Tausch- und Eigentumsverhältnissen**
Nykyaikainen porvarisyhteiskunta tuotanto-, vaihto- ja
omistussuhteineen
**eine Gesellschaft, die so gigantische Produktions- und
Tauschmittel heraufbeschworen hat**
yhteiskunta, joka on loihtinut tällaisia jättiläismäisiä tuotanto-
ja vaihtovälineitä
**Es ist wie der Zauberer, der die Mächte der Unterwelt
heraufbeschworen hat**
Se on kuin velho, joka kutsui alamaailman voimat
**Aber er ist nicht mehr in der Lage, zu kontrollieren, was er
in die Welt gebracht hat**
Mutta hän ei enää pysty hallitsemaan sitä, mitä hän on tuonut
maailmaan
**Viele Jahrzehnte lang war die vergangene Geschichte durch
einen roten Faden miteinander verbunden**
Monta vuosikymmentä mennyttä historiaa sitoi yhteen
punainen lanka
**Die Geschichte der Industrie und des Handels ist nichts
anderes als die Geschichte der Revolten**
Teollisuuden ja kaupan historia on ollut vain kapinoiden
historiaa
**die Revolten der modernen Produktivkräfte gegen die
modernen Produktionsbedingungen**
nykyaikaisten tuotantovoimien kapinat nykyaikaisia tuotanto-
olosuhteita vastaan

die Revolten der modernen Produktivkräfte gegen die Eigentumsverhältnisse

nykyaikaisten tuotantovoimien kapinat omistussuhteita vastaan

diese Eigentumsverhältnisse sind die Bedingungen für die Existenz der Bourgeoisie

nämä omistussuhteet ovat porvariston olemassaolon edellytyksiä

und die Existenz der Bourgeoisie bestimmt die Regeln der Eigentumsverhältnisse

ja porvariston olemassaolo määrää omistussuhteiden säännöt

Es genügt, die periodische Wiederkehr von Handelskrisen zu erwähnen

Riittää, kun mainitaan kaupallisten kriisien säännöllinen paluu

jede Handelskrise ist für die Bourgeoisie Gesellschaft bedrohlicher als die letzte

jokainen kaupallinen kriisi uhkaa porvariston yhteiskuntaa enemmän kuin edellinen

In diesen Krisen wird ein großer Teil der bestehenden Produkte vernichtet

Näissä kriiseissä suuri osa olemassa olevista tuotteista tuhoutuu

Diese Krisen zerstören aber auch die zuvor geschaffenen Produktivkräfte

Mutta nämä kriisit tuhoavat myös aiemmin luodut tuotantovoimat

In allen früheren Epochen wären diese Epidemien als Absurdität erschienen

Kaikkina varhaisempina aikakausina nämä epidemiat olisivat vaikuttaneet järjettömiltä

denn diese Epidemien sind die kommerziellen Krisen der Überproduktion

Koska nämä epidemiat ovat ylituotannon kaupallisia kriisejä

Die Gesellschaft befindet sich plötzlich wieder in einem Zustand der momentanen Barbarei

Yhteiskunta huomaa yhtäkkiä joutuneensa takaisin hetkellisen
barbaarisuuden tilaan
**als ob ein allgemeiner Verwüstungskrieg jede Möglichkeit
des Lebensunterhalts abgeschnitten hätte**
ikään kuin maailmanlaajuinen hävityssota olisi katkaissut
kaikki toimeentulomahdollisuudet
**Industrie und Handel scheinen zerstört worden zu sein; Und
warum?**
teollisuus ja kauppa näyttävät tuhoutuneen; Ja miksi?
Weil es zu viel Zivilisation und Subsistenzmittel gibt
Koska sivistystä ja toimeentulokeinoja on liikaa
Und weil es zu viel Industrie und zu viel Handel gibt
ja koska teollisuutta on liikaa ja kauppaa liikaa
**Die Produktivkräfte, die der Gesellschaft zur Verfügung
stehen, entwickeln nicht mehr das Bourgeoisie Eigentum**
Yhteiskunnan käytössä olevat tuotantovoimat eivät enää
kehitä porvariston omaisuutta
**im Gegenteil, sie sind zu mächtig geworden für diese
Verhältnisse, durch die sie gefesselt sind**
Päinvastoin, niistä on tullut liian voimakkaita näihin
olosuhteisiin, joilla ne ovat kahleissa
**sobald sie diese Fesseln überwunden haben, bringen sie
Unordnung in die ganze Bourgeoisie Gesellschaft**
heti kun he voittavat nämä kahleet, he tuovat epäjärjestystä
koko porvariston yhteiskuntaan
**und die Produktivkräfte gefährden die Existenz des
Bourgeoisie Eigentums**
ja tuotantovoimat vaarantavat porvariston omaisuuden
olemassaolon
**Die Bedingungen der Bourgeoisie Gesellschaft sind zu eng,
um den von ihnen geschaffenen Reichtum zu erfassen**
Porvariston yhteiskunnan olosuhteet ovat liian ahtaat
käsittääkseen niiden luoman vaurauden
Und wie überwindet die Bourgeoisie diese Krisen?
Ja miten porvaristo selviää näistä kriiseistä?

Einerseits überwindet sie diese Krisen durch die erzwungene Vernichtung einer Masse von Produktivkräften

Toisaalta se voittaa nämä kriisit tuhoamalla pakolla joukon tuotantovoimia

Andererseits überwindet sie diese Krisen durch die Eroberung neuer Märkte

Toisaalta se voittaa nämä kriisit valloittamalla uusia markkinoita

Und sie überwindet diese Krisen durch die gründlichere Ausbeutung der alten Produktivkräfte

Ja se voittaa nämä kriisit vanhojen tuotantovoimien perusteellisemmalla riistämisellä

Das heißt, indem sie den Weg für umfangreichere und zerstörerischere Krisen ebnen

Toisin sanoen tasoittamalla tietä laajemmille ja tuhoisammille kriiseille

Sie überwindet die Krise, indem sie die Mittel zur Krisenprävention einschränkt

Se voittaa kriisin vähentämällä keinoja, joilla kriisejä ehkäistään

Die Waffen, mit denen die Bourgeoisie den Feudalismus zu Fall brachte, sind jetzt gegen sich selbst gerichtet

Aseet, joilla porvaristo kaatoi feodalismin maan tasalle, ovat nyt kääntyneet itseään vastaan

Aber die Bourgeoisie hat nicht nur die Waffen geschmiedet, die sich selbst den Tod bringen

Mutta porvaristo ei ole ainoastaan takonut aseita, jotka tuovat kuoleman itselleen

Sie hat auch die Männer ins Leben gerufen, die diese Waffen führen sollen

Se on myös synnyttänyt miehet, joiden on määrä käyttää näitä aseita

Und diese Männer sind die moderne Arbeiterklasse; Sie sind die Proletarier

ja nämä miehet ovat nykyaikainen työväenluokka; He ovat proletaareja;

In dem Maße, wie die Bourgeoisie entwickelt ist, entwickelt sich auch das Proletariat

Sitä mukaa kuin porvaristo kehittyy, samassa suhteessa kehittyy proletariaatti

Die moderne Arbeiterklasse entwickelte eine Klasse von Arbeitern

Nykyaikainen työväenluokka kehitti työläisten luokan

Diese Klasse von Arbeitern lebt nur so lange, wie sie Arbeit findet

Tämä työläisten luokka elää vain niin kauan kuin he löytävät työtä

Und sie finden nur so lange Arbeit, wie ihre Arbeit das Kapital vermehrt

ja he löytävät työtä vain niin kauan kuin heidän työnsä lisää pääomaa

Diese Arbeiter, die sich stückweise verkaufen müssen, sind eine Ware

Nämä työläiset, joiden on myytävä itsensä pala palalta, ovat tavaraa

Diese Arbeiter sind wie jeder andere Handelsartikel

Nämä työläiset ovat kuin kaikki muutkin kauppatavarat

und sie sind folglich allen Wechselfällen des Wettbewerbs ausgesetzt

ja näin ollen ne ovat alttiina kaikille kilpailun vaihteluille

Sie müssen alle Schwankungen des Marktes überstehen

Heidän on kestettävä kaikki markkinoiden vaihtelut

Aufgrund des umfangreichen Maschineneinsatzes und der Arbeitsteilung

Koneiden runsaan käytön ja työnjaon vuoksi

Die Arbeit der Proletarier hat jeden individuellen Charakter verloren

Proletaarien työ on menettänyt kaiken yksilöllisen luonteensa

Und folglich hat die Arbeit der Proletarier für den Arbeiter jeden Reiz verloren

Ja sen seurauksena proletaarien työ on menettänyt kaiken viehätysvoimansa työläiselle

Er wird zu einem Anhängsel der Maschine und nicht mehr zu dem Mann, der er einmal war

Hänestä tulee koneen jatke eikä mies, joka hän kerran oli

Nur das einfachste, eintönigste und am leichtesten zu erwerbende Geschick wird von ihm verlangt

Häneltä vaaditaan vain yksinkertaisin, yksitoikkoisin ja helpoimmin hankittava taito

Daher sind die Produktionskosten eines Arbeiters begrenzt

Siksi työntekijän tuotantokustannukset ovat rajalliset

sie beschränkt sich fast ausschließlich auf die Mittel zur Bestreitung des Lebensunterhalts, die er zu seinem Unterhalt benötigt

se rajoittuu lähes yksinomaan toimeentuloon, jota hän tarvitsee elatukseensa

und sie beschränkt sich auf die Subsistenzmittel, die er zur Fortpflanzung seiner Rasse benötigt

ja se rajoittuu niihin elintarvikkeisiin, joita hän tarvitsee rotunsa levittämiseen

Aber der Preis einer Ware, also auch der Arbeit, ist gleich ihren Produktionskosten

Mutta tavaran ja siis myös työn hinta on yhtä suuri kuin sen tuotantokustannukset

In dem Maße also, wie die Widerwärtigkeit der Arbeit zunimmt, sinkt der Lohn

Samassa suhteessa, kun työn vastenmielisyys kasvaa, palkka laskee

Ja, die Widerwärtigkeit seiner Arbeit nimmt sogar noch mehr zu

Ei, hänen työnsä vastenmielisyys lisääntyy vielä nopeammin

In dem Maße, wie der Einsatz von Maschinen und die Arbeitsteilung zunehmen, steigt auch die Last der Arbeit

Kun koneiden käyttö ja työnjako lisääntyvät, lisääntyy myös raadannan taakka

Die Arbeitsbelastung wird durch die Verlängerung der Arbeitszeit erhöht

Työn taakkaa lisää työajan pidentyminen

Dem Arbeiter wird in der gleichen Zeit mehr zugemutet als zuvor

Työmieheltä odotetaan enemmän samassa ajassa kuin ennenkin

Und natürlich wird die Last der Arbeit durch die Geschwindigkeit der Maschinerie erhöht

ja tietysti työn taakkaa lisää koneen nopeus

Die moderne Industrie hat die kleine Werkstatt des patriarchalischen Meisters in die große Fabrik des industriellen Kapitalisten verwandelt

Nykyaikainen teollisuus on muuttanut patriarkaalisen mestarin pienen työpajan teollisuuskapitalistin suureksi tehtaaksi

Massen von Arbeitern, die in die Fabrik gedrängt sind, sind wie Soldaten organisiert

Tehtaaseen tungetut työläisten massat ovat järjestäytyneet kuin sotilaat

Als Gefreite der Industriearmee stehen sie unter dem Kommando einer vollkommenen Hierarchie von Offizieren und Unteroffizieren

Teollisuusarmeijan yksityishenkilöinä heidät asetetaan upseerien ja kersanttien täydellisen hierarkian alaisuuteen

sie sind nicht nur die Sklaven der Bourgeoisie und des Staates

he eivät ole vain porvariston luokan ja valtion orjia

Aber sie werden auch täglich und stündlich von der Maschine versklavt

Mutta kone orjuttaa heidät myös päivittäin ja tunneittain

sie sind Sklaven des Aufsehers und vor allem des einzelnen Bourgeoisie Fabrikanten selbst

ne ovat sivustakatsojien orjuuttamia ja ennen kaikkea yksittäisen porvariston tehtailijan itsensä orjuuttamia

Je offener dieser Despotismus den Gewinn als seinen Zweck und sein Ziel proklamiert, desto kleinlicher, verhaßter und verbitterender ist er

Mitä avoimemmin tämä despotismi julistaa päämääräkseen ja
päämääräkseen voittoa, sitä pikkumaisempaa,
vihamielisempää ja katkerampaa se on
**Je mehr sich die moderne Industrie entwickelt, desto
geringer sind die Unterschiede zwischen den Geschlechtern**
Mitä nykyaikaisemmaksi teollisuus kehittyy, sitä pienemmät
ovat sukupuolten väliset erot
**Je geringer die Geschicklichkeit und Kraftanstrengung der
Handarbeit ist, desto mehr wird die Arbeit der Männer von
der der Frauen verdrängt**
Kuta vähemmän ruumiillisen työn edellyttämää taitoa ja
voimankäyttöä on, sitä enemmän miesten työ syrjäyttää
naisten työn
**Alters- und Geschlechtsunterschiede haben für die
Arbeiterklasse keine besondere gesellschaftliche Gültigkeit
mehr**
Ikä- ja sukupuolieroilla ei ole enää mitään erityistä
yhteiskunnallista merkitystä työväenluokalle
**Alle sind Arbeitsinstrumente, die je nach Alter und
Geschlecht mehr oder weniger teuer zu gebrauchen sind**
Kaikki ovat työvälineitä, jotka ovat enemmän tai vähemmän
kalliita käyttää iän ja sukupuolen mukaan
**sobald der Arbeiter seinen Lohn in bar erhält, wird er von
den übrigen Teilen der Bourgeoisie angegriffen**
heti kun työläinen saa palkkansa käteisenä, porvariston muut
osat hyökkäävät hänen kimppuunsa
der Vermieter, der Ladenbesitzer, der Pfandleiher usw
vuokranantaja, kauppias, panttilainaamo jne
**Die unteren Schichten der Mittelschicht; die kleinen
Handwerker und Ladenbesitzer**
Keskiluokan alemmat kerrokset; Pienkauppiaat ja kauppiaat
**die pensionierten Gewerbetreibenden überhaupt, die
Handwerker und Bauern**
eläkkeellä olevat kauppiaat yleensä ja käsityöläiset ja
talonpojat
all dies sinkt allmählich in das Proletariat ein

kaikki nämä vajoavat vähitellen proletariaattiin
theils deshalb, weil ihr winziges Kapital nicht ausreicht für den Maßstab, in dem die moderne Industrie betrieben wird
osittain siksi, että niiden pieni pääoma ei riitä siihen mittakaavaan, jolla nykyaikaista teollisuutta harjoitetaan
und weil sie in der Konkurrenz mit den Großkapitalisten überschwemmt wird
ja koska se on hukkunut kilpailuun suurkapitalistien kanssa
zum Teil deshalb, weil ihr spezialisiertes Können durch die neuen Produktionsmethoden wertlos wird
osittain siksi, että uudet tuotantomenetelmät tekevät heidän erikoistaitonsa arvottomiksi
So rekrutiert sich das Proletariat aus allen Klassen der Bevölkerung
Näin proletariaatti värvätään kaikista väestöluokista
Das Proletariat durchläuft verschiedene Entwicklungsstufen
Proletariaatti käy läpi eri kehitysvaiheita
Mit ihrer Geburt beginnt der Kampf mit der Bourgeoisie
Sen syntymän myötä alkaa taistelu porvariston kanssa
Zuerst wird der Kampf von einzelnen Arbeitern geführt
Aluksi kilpailua jatkavat yksittäiset työläiset
Dann wird der Kampf von den Arbeitern einer Fabrik ausgetragen
Sitten kilpailua jatkavat tehtaan työläiset
Dann wird der Kampf von den Arbeitern eines Gewerbes an einem Ort ausgetragen
Sitten kilpailua jatkavat yhden ammatin toimijat yhdellä paikkakunnalla
und der Kampf richtet sich dann gegen die einzelne Bourgeoisie, die sie direkt ausbeutet
ja silloin kilpailu käydään yksittäistä porvaristoa vastaan, joka suoraan riistää heitä
Sie richten ihre Angriffe nicht gegen die Bourgeoisie Produktionsbedingungen
He eivät suuntaa hyökkäyksiään porvariston tuotantoehtoja vastaan

aber sie richten ihren Angriff gegen die Produktionsmittel selbst

Mutta he suuntaavat hyökkäyksensä itse tuotantovälineitä vastaan

Sie vernichten importierte Waren, die mit ihrer Arbeitskraft konkurrieren

He tuhoavat tuontitavaroita, jotka kilpailevat heidän työvoimansa kanssa

Sie zertrümmern Maschinen und setzen Fabriken in Brand

He murskaavat koneita ja sytyttävät tehtaita tuleen

sie versuchen, den verschwundenen Status des Arbeiters des Mittelalters mit Gewalt wiederherzustellen

he pyrkivät väkivalloin palauttamaan keskiajan työläisen kadonneen aseman

In diesem Stadium bilden die Arbeiter noch eine unzusammenhängende Masse, die über das ganze Land verstreut ist

Tässä vaiheessa työläiset muodostavat vielä epäyhtenäisen joukon, joka on hajallaan koko maassa

und sie werden durch ihre gegenseitige Konkurrenz zerrissen

ja heidän keskinäinen kilpailunsa hajottaa heidät

Wenn sie sich irgendwo zu kompakteren Körpern vereinigen, so ist dies noch nicht die Folge ihrer eigenen aktiven Vereinigung

Jos missä tahansa he yhdistyvät muodostamaan pienempiä elimiä, tämä ei ole vielä seurausta heidän omasta aktiivisesta liitostaan

aber es ist eine Folge der Vereinigung der Bourgeoisie, ihre eigenen politischen Ziele zu erreichen

mutta se on seurausta porvariston liitosta omien poliittisten päämääriensä saavuttamiseksi

die Bourgeoisie ist gezwungen, das ganze Proletariat in Bewegung zu setzen

porvariston on pakko panna liikkeelle koko proletariaatti

und überdies ist die Bourgeoisie eine Zeitlang dazu in der Lage

ja lisäksi porvaristo voi toistaiseksi tehdä niin

In diesem Stadium kämpfen die Proletarier also nicht gegen ihre Feinde

Tässä vaiheessa proletaarit eivät siis taistele vihollisiaan vastaan

Stattdessen kämpfen sie gegen die Feinde ihrer Feinde

Mutta sen sijaan he taistelevat vihollistensa vihollisia vastaan

Der Kampf gegen die Überreste der absoluten Monarchie und die Großgrundbesitzer

Taistele absoluuttisen monarkian jäänteitä ja maanomistajia vastaan

sie bekämpfen die nicht-industrielle Bourgeoisie; das Kleiliche Bourgeoisie

he taistelevat ei-teollista porvaristoa vastaan; pikkuporvaristo

So ist die ganze historische Bewegung in den Händen der Bourgeoisie konzentriert

Näin koko historiallinen liike on keskittynyt porvariston käsiin

jeder so errungene Sieg ist ein Sieg der Bourgeoisie

jokainen näin saavutettu voitto on porvariston voitto

Aber mit der Entwicklung der Industrie wächst nicht nur die Zahl des Proletariats

Mutta teollisuuden kehittyessä proletariaatti ei ainoastaan lisäänny

das Proletariat konzentriert sich in größeren Massen und seine Kraft wächst

Proletariaatti keskittyy suurempiin joukkoihin ja sen voima kasvaa

und das Proletariat spürt diese Kraft mehr und mehr

ja proletariaatti tuntee tuon voiman yhä enemmän

Die verschiedenen Interessen und Lebensbedingungen in den Reihen des Proletariats gleichen sich mehr und mehr an

Erilaiset edut ja elinehdot proletariaatin riveissä ovat yhä enemmän tasaantuneet

sie werden in dem Maße größer, wie die Maschinerie alle
Unterschiede der Arbeit verwischt
Ne tulevat suhteellisemmiksi, kun koneet hävittävät kaikki
työn erot
Und die Maschinen senken fast überall die Löhne auf das
gleiche niedrige Niveau
ja koneet lähes kaikkialla laskevat palkat samalle alhaiselle
tasolle
Die wachsende Konkurrenz der Bourgeoisie und die daraus
resultierenden Handelskrisen lassen die Löhne der Arbeiter
immer schwankender
Porvariston kasvava kilpailu ja siitä johtuvat kaupalliset kriisit
tekevät työläisten palkat yhä vaihtelevammiksi
Die unaufhörliche Verbesserung der sich immer schneller
entwickelnden Maschinen macht ihren Lebensunterhalt
immer prekärer
Koneiden lakkaamaton parantaminen, joka kehittyy yhä
nopeammin, tekee heidän toimeentulostaan yhä
epävarmempaa
die Kollisionen zwischen einzelnen Arbeitern und
einzelnen Bourgeoisien nehmen immer mehr den Charakter
von Zusammenstößen zwischen zwei Klassen an
yksittäisten työläisten ja yksittäisen porvariston väliset
yhteentörmäykset saavat yhä enemmän kahden luokan
välisten yhteentörmäysten luonteen
Darauf beginnen die Arbeiter, sich gegen die Bourgeoisie zu
verbünden (Gewerkschaften)
Sen jälkeen työläiset alkavat muodostaa liittoja
(ammattiliittoja) porvaristoa vastaan
Sie schließen sich zusammen, um die Löhne hoch zu halten
He lyöttäytyvät yhteen pitääkseen palkkatason yllä
sie gründeten ständige Vereinigungen, um für diese
gelegentlichen Revolten im voraus Vorsorge zu treffen
He perustivat pysyviä yhdistyksiä varautuakseen etukäteen
näihin satunnaisiin kapinoihin;
Hier und da bricht der Wettkampf in Ausschreitungen aus

Siellä täällä kilpailu puhkeaa mellakoihin

**Hin und wieder siegen die Arbeiter, aber nur für eine
gewisse Zeit**

Silloin tällöin työläiset voittavat, mutta vain joksikin aikaa

**Die wirkliche Frucht ihrer Kämpfe liegt nicht in den
unmittelbaren Ergebnissen, sondern in der immer größer
werdenden Vereinigung der Arbeiter**

Heidän taistelujensa todellinen hedelmä ei ole välittömässä
tuloksessa, vaan alati laajenevassa työläisten liitossa

**Diese Vereinigung wird durch die verbesserten
Kommunikationsmittel unterstützt, die von der modernen
Industrie geschaffen werden**

Tätä liittoa auttavat nykyaikaisen teollisuuden luomat
parannetut viestintävälineet

**Die moderne Kommunikation bringt die Arbeiter
verschiedener Orte miteinander in Kontakt**

Nykyaikainen viestintä asettaa eri paikkakuntien työntekijät
kosketuksiin toistensa kanssa

**Es war gerade dieser Kontakt, der nötig war, um die
zahlreichen lokalen Kämpfe zu einem nationalen Kampf
zwischen den Klassen zu zentralisieren**

Juuri tätä yhteyttä tarvittiin keskittämään lukuisat paikalliset
taistelut yhdeksi kansalliseksi luokkien väliseksi taisteluksi

**Alle diese Kämpfe haben den gleichen Charakter, und jeder
Klassenkampf ist ein politischer Kampf**

Kaikki nämä taistelut ovat luonteeltaan samanlaisia, ja
jokainen luokkataistelu on poliittista taistelua

**die Bürger des Mittelalters mit ihren elenden Landstraßen
brauchten Jahrhunderte, um ihre Vereinigungen zu bilden**

keskiajan porvarit kurjine valtateineen tarvitsivat vuosisatoja
liittojensa muodostamiseen

**Die modernen Proletarier erreichen dank der Eisenbahn ihre
Gewerkschaften innerhalb weniger Jahre**

Nykyiset proletaarit, kiitos rautateiden, saavuttavat liittonsa
muutamassa vuodessa

Diese Organisation der Proletarier zu einer Klasse formte sie folglich zu einer politischen Partei

Tämä proletaarien järjestäytyminen luokaksi muovasi heistä poliittisen puolueen

Die politische Klasse wird immer wieder durch die Konkurrenz zwischen den Arbeitern selbst verärgert

Poliittinen luokka järkyttyy jatkuvasti työläisten keskinäisestä kilpailusta

Aber die politische Klasse erhebt sich weiter, stärker, fester, mächtiger

Mutta poliittinen luokka jatkaa nousuaan uudelleen, vahvempana, lujempana, mahtavampana

Er zwingt zur gesetzgeberischen Anerkennung der besonderen Interessen der Arbeitnehmer

Se pakottaa tunnustamaan lainsäädännössä työntekijöiden erityiset edut

sie tut dies, indem sie sich die Spaltungen innerhalb der Bourgeoisie selbst zunutze macht

se tekee sen käyttämällä hyväkseen porvariston välisiä erimielisyyksiä

Damit wurde das Zehnstundengesetz in England in Kraft gesetzt

Näin Englannissa kymmenen tunnin lakiesitys pantiin lakiin

in vielerlei Hinsicht ist der Zusammenstoß zwischen den Klassen der alten Gesellschaft ferner der Entwicklungsgang des Proletariats

Vanhan yhteiskunnan luokkien väliset yhteentörmäykset ovat monin tavoin proletariaatin kehityksen kulku

Die Bourgeoisie befindet sich in einem ständigen Kampf

Porvaristo huomaa olevansa jatkuvassa taistelussa

Zuerst wird sie sich in einem ständigen Kampf mit der Aristokratie wiederfinden

Aluksi se joutuu jatkuvaan taisteluun aristokratian kanssa

später wird sie sich in einem ständigen Kampf mit diesen Teilen der Bourgeoisie selbst wiederfinden

myöhemmin se huomaa joutuneensa alituiseen taisteluun itse
porvariston noita osia vastaan

**und ihre Interessen werden dem Fortschritt der Industrie
entgegengesetzt sein**

ja heidän etunsa ovat muuttuneet teollisuuden kehityksen
vastaisiksi

**zu allen Zeiten werden ihre Interessen mit der Bourgeoisie
fremder Länder in Konflikt geraten sein**

heidän etunsa ovat kaikkina aikoina tulleet vihamielisiksi
vieraiden maiden porvariston kanssa

**In allen diesen Kämpfen sieht sie sich genötigt, an das
Proletariat zu appellieren, und bittet es um Hilfe**

Kaikissa näissä taisteluissa se katsoo olevansa pakotettu
vetoamaan proletariaattiin ja pyytää sen apua

**Und so wird sie sich gezwungen sehen, sie in die politische
Arena zu zerren**

Ja siten se tuntee olevansa pakotettu vetämään sen poliittiselle
areenalle

**Die Bourgeoisie selbst versorgt also das Proletariat mit ihren
eigenen Instrumenten der politischen und allgemeinen
Erziehung**

Porvaristo itse siis hankkii proletariaatille omat poliittisen ja
yleissivistyksen välineensä

**mit anderen Worten, sie liefert dem Proletariat Waffen für
den Kampf gegen die Bourgeoisie**

toisin sanoen se varustaa proletariaatin aseilla taisteluun
porvaristoa vastaan

**Ferner werden, wie wir schon gesehen haben, ganze
Schichten der herrschenden Klassen in das Proletariat
hineingestürzt**

Edelleen, kuten olemme jo nähneet, kokonaisia hallitsevien
luokkien osia syöksytään proletariaattiin

**der Fortschritt der Industrie saugt sie in das Proletariat
hinein**

teollisuuden edistyminen imee heidät proletariaattiin

oder zumindest sind sie in ihren Existenzbedingungen bedroht

tai ainakin he ovat uhattuina olemassaolonsa olosuhteissa

Diese versorgen auch das Proletariat mit frischen Elementen der Aufklärung und des Fortschritts

Nämä tarjoavat proletariaatille myös uusia valistuksen ja edistyksen elementtejä

Endlich, in Zeiten, in denen sich der Klassenkampf der entscheidenden Stunde nähert

Lopuksi aikoina, jolloin luokkataistelu lähestyy ratkaisevaa hetkeä

Der Auflösungsprozess innerhalb der herrschenden Klasse

hallitsevan luokan sisällä käynnissä oleva hajoamisprosessi

In der Tat wird die Auflösung, die sich innerhalb der herrschenden Klasse vollzieht, in der gesamten Bandbreite der Gesellschaft zu spüren sein

Itse asiassa hallitsevan luokan sisällä tapahtuva hajoaminen tuntuu koko yhteiskunnan alueella

Sie wird einen so gewalttätigen, krassen Charakter annehmen, dass ein kleiner Teil der herrschenden Klasse sich selbst abtreibt

Se saa niin väkivaltaisen, räikeän luonteen, että pieni osa hallitsevasta luokasta ajaa itsensä tuuliajolle

Und diese herrschende Klasse wird sich der revolutionären Klasse anschließen

ja tämä hallitseva luokka liittyy vallankumoukselliseen luokkaan

Die revolutionäre Klasse ist die Klasse, die die Zukunft in ihren Händen hält

vallankumouksellinen luokka on luokka, joka pitää tulevaisuutta käsissään

Wie in früheren Zeiten ging ein Teil des Adels zur Bourgeoisie über

Aivan kuten aikaisemminkin, osa aatelistosta siirtyi porvaristolle

ebenso wird ein Teil der Bourgeoisie zum Proletariat übergehen

samalla tavalla osa porvaristosta siirtyy proletariaatille

insbesondere wird ein Teil der Bourgeoisie zu einem Teil der Bourgeoisie Ideologen übergehen

eritoten osa porvaristosta siirtyy osalle porvariston ideologeja

Bourgeoisie Ideologen, die sich auf die Ebene erhoben haben, die historische Bewegung als Ganzes theoretisch zu begreifen

Porvariston ideologit, jotka ovat nostaneet itsensä teoreettisesti ymmärtämään koko historiallista liikettä

Von allen Klassen, die heute der Bourgeoisie gegenüberstehen, ist das Proletariat allein eine wirklich revolutionäre Klasse

Kaikista luokista, jotka nykyään ovat kasvokkain porvariston kanssa, proletariaatti yksin on todella vallankumouksellinen luokka

Die anderen Klassen zerfallen und verschwinden schließlich im Angesicht der modernen Industrie

Muut luokat rappeutuvat ja lopulta katoavat modernin teollisuuden edessä

das Proletariat ist ihr besonderes und wesentliches Produkt

Proletariaatti on sen erityinen ja välttämätön tuote

Die untere Mittelschicht, der kleine Fabrikant, der Ladenbesitzer, der Handwerker, der Bauer

Alempi keskiluokka, pientehtailija, kauppias, käsityöläinen, talonpoika

all diese Kämpfe gegen die Bourgeoisie

kaikki nämä taistelevat porvaristoa vastaan

Sie kämpfen als Fraktionen der Mittelschicht, um sich vor dem Aussterben zu retten

He taistelevat keskiluokan murto-osina pelastaakseen itsensä sukupuutolta

Sie sind also nicht revolutionär, sondern konservativ

Siksi he eivät ole vallankumouksellisia, vaan konservatiivisia

Ja, mehr noch, sie sind reaktionär, denn sie versuchen, das Rad der Geschichte zurückzudrehen

Lisäksi he ovat taantumuksellisia, sillä he yrittävät kääntää historian pyörää taaksepäin

Wenn sie zufällig revolutionär sind, so sind sie es nur im Hinblick auf ihre bevorstehende Überführung in das Proletariat

Jos he sattumalta ovat vallankumouksellisia, niin he ovat sitä vain lähestyvän proletariaattiin siirtymisensä vuoksi

Sie verteidigen also nicht ihre gegenwärtigen, sondern ihre zukünftigen Interessen

He eivät siis puolusta nykyisyyttään, vaan tulevia etujaan

sie verlassen ihren eigenen Standpunkt, um sich auf den des Proletariats zu stellen

he hylkäävät oman näkökantansa asettuakseen proletariaatin kannalle

Die »gefährliche Klasse«, der soziale Abschaum, diese passiv verrottende Masse, die von den untersten Schichten der alten Gesellschaft abgeworfen wird

"Vaarallinen luokka", yhteiskunnallinen saasta, tuo passiivisesti mätänevä massa, jonka vanhan yhteiskunnan alimmat kerrokset heittävät pois

sie können hier und da von einer proletarischen Revolution in die Bewegung hineingerissen werden

Proletaarinen vallankumous voi siellä täällä pyyhkäistä heidät mukaan liikkeeseen

Seine Lebensbedingungen bereiten ihn jedoch viel mehr auf die Rolle eines bestochenen Werkzeugs reaktionärer Intrigen vor

Sen elinehdot valmistavat sitä kuitenkin paljon enemmän taantumuksellisen juonittelun lahjottuun työkaluun

In den Verhältnissen des Proletariats sind die Verhältnisse der alten Gesellschaft im Allgemeinen bereits praktisch überschwemmt

Proletariaatin oloissa vanhan yhteiskunnan olosuhteet ovat jo käytännöllisesti katsoen hukkua

Der Proletarier ist ohne Eigentum
Proletaari on vailla omaisuutta
sein Verhältnis zu Frau und Kindern hat mit den
Familienverhältnissen der Bourgeoisie nichts mehr gemein
hänen suhteellaan vaimoonsa ja lapsiinsa ei ole enää mitään
yhteistä porvariston perhesuhteiden kanssa
moderne industrielle Arbeit, moderne Unterwerfung unter
das Kapital, dasselbe in England wie in Frankreich, in
Amerika wie in Deutschland
nykyaikainen teollinen työ, nykyaikainen alistuminen
pääomalle, sama Englannissa kuin Ranskassa, Amerikassa
kuin Saksassa
Seine Stellung in der Gesellschaft hat ihm jede Spur von
nationalem Charakter genommen
Hänen asemansa yhteiskunnassa on riisunut häneltä kaikki
kansallisen luonteen rippeet
Gesetz, Moral, Religion sind für ihn so viele Bourgeoisie
Vorurteile
Laki, moraali, uskonto ovat hänelle niin monia porvariston
ennakkoluuloja
und hinter diesen Vorurteilen lauern ebenso viele
Bourgeoisie Interessen
ja näiden ennakkoluulojen takana väijyy väijytyksessä yhtä
monta porvariston intressiä
Alle vorhergehenden Klassen, die die Oberhand gewannen,
versuchten, ihren bereits erworbenen Status zu festigen
Kaikki edelliset luokat, jotka saivat ylemmän käden, pyrkivät
vahvistamaan jo hankittua asemaansa
Sie taten dies, indem sie die Gesellschaft als Ganzes ihren
Aneignungsbedingungen unterwarfen
He tekivät tämän alistamalla koko yhteiskunnan omimisen
ehdoilleen
Die Proletarier können nicht Herren der Produktivkräfte der
Gesellschaft werden
Proletaareista ei voi tulla yhteiskunnan tuotantovoimien
herroja

Sie kann dies nur tun, indem sie ihre eigene bisherige Aneignungsweise abschafft
Se voi tehdä tämän vain lakkauttamalla oman aiemman haltuunottotapansa

Und damit hebt sie auch jede andere bisherige Aneignungsweise auf
ja siten se poistaa myös kaikki muut aikaisemmat haltuunottotavat

Sie haben nichts Eigenes zu sichern und zu festigen
Heillä ei ole mitään omaa turvattavana ja linnoittavana

Ihre Aufgabe ist es, alle bisherigen Sicherheiten und Versicherungen für individuelles Eigentum zu vernichten
Heidän tehtävänään on tuhota kaikki aikaisemmat yksityisomaisuuden vakuudet ja vakuutukset

Alle bisherigen historischen Bewegungen waren Bewegungen von Minderheiten
Kaikki aiemmat historialliset liikkeet olivat vähemmistöjen liikkeitä

oder es handelte sich um Bewegungen im Interesse von Minderheiten
tai ne olivat vähemmistöjen etuja ajavia liikkeitä

Die proletarische Bewegung ist die selbstbewusste, selbständige Bewegung der ungeheuren Mehrheit
Proletaarinen liike on valtavan enemmistön itsetietoinen, itsenäinen liike

Und es ist eine Bewegung im Interesse der großen Mehrheit
Ja se on liike valtavan enemmistön etujen mukaisesti

Das Proletariat, die unterste Schicht unserer heutigen Gesellschaft
Proletariaatti, nykyisen yhteiskuntamme alin kerros

Sie kann sich nicht regen oder erheben, ohne daß die ganze übergeordnete Schicht der offiziellen Gesellschaft in die Luft geschleudert wird
Se ei voi nousta tai kohota ilman, että virallisen yhteiskunnan kaikki ylemmät kerrokset nousevat ilmaan

Der Kampf des Proletariats mit der Bourgeoisie ist, wenn
auch nicht der Substanz nach, doch zunächst ein nationaler
Kampf

Proletariaatin taistelu porvaristoa vastaan on aluksi kansallista
taistelua, vaikkakaan ei sisällöltään, mutta kuitenkin
muodoltaan

Das Proletariat eines jeden Landes muss natürlich vor allem
mit seiner eigenen Bourgeoisie abrechnen

Jokaisen maan proletariaatin on tietenkin ensin selvitettävä
asiat oman porvaristonsa kanssa

Indem wir die allgemeinsten Phasen der Entwicklung des
Proletariats schilderten, verfolgten wir den mehr oder
weniger verhüllten Bürgerkrieg

Kuvatessamme proletariaatin kehityksen yleisimpiä vaiheita
jäljitimme enemmän tai vähemmän verhotun sisällissodan

Diese Zivilgesellschaft wütet in der bestehenden
Gesellschaft

Tämä siviili raivoaa nykyisessä yhteiskunnassa

Er wird bis zu dem Punkt wüten, an dem dieser Krieg in
eine offene Revolution ausbricht

Se raivoaa siihen pisteeseen asti, että sota puhkeaa avoimeksi
vallankumoukseksi

und dann legt der gewaltsame Sturz der Bourgeoisie die
Grundlage für die Herrschaft des Proletariats

ja sitten porvariston väkivaltainen kukistaminen luo perustan
proletariaatin vallalle

Bisher beruhte jede Gesellschaftsform, wie wir bereits
gesehen haben, auf dem Antagonismus unterdrückender
und unterdrückter Klassen

Tähän asti kaikki yhteiskuntamuodot ovat perustuneet, kuten
olemme jo nähneet, sortavien ja sorrettujen luokkien
vastakkainasetteluun

Um aber eine Klasse zu unterdrücken, müssen ihr gewisse
Bedingungen zugesichert werden

Mutta luokan sortamiseksi sille on taattava tietyt ehdot

Die Klasse muss unter Bedingungen gehalten werden, unter denen sie wenigstens ihre sklavische Existenz fortsetzen kann

Luokka on pidettävä olosuhteissa, joissa se voi ainakin jatkaa orjallista olemassaoloaan

Der Leibeigene erhob sich in der Zeit der Leibeigenschaft zum Mitglied der Kommune

Maaorja, orjuuden aikana, nosti itsensä kunnan jäseneksi

so wie es dem Kleinbourgeoisie unter dem Joch des feudalen Absolutismus gelang, sich zur Bourgeoisie zu entwickeln

aivan kuten pikkuporvaristo feodaalisen absolutismin ikeen alla onnistui kehittymään porvaristoksi

Der moderne Arbeiter dagegen sinkt, anstatt sich mit dem Fortschritt der Industrie zu erheben, immer tiefer

Päinvastoin, sen sijaan että moderni työläinen nousisi teollisuuden kehityksen mukana, vajoaa yhä syvemmälle

Er sinkt unter die Existenzbedingungen seiner eigenen Klasse

Hän vajoaa oman luokkansa olemassaolon ehtojen alapuolelle

Er wird ein Bettler, und der Pauperismus entwickelt sich schneller als Bevölkerung und Reichtum

Hänestä tulee köyhä, ja köyhyys kehittyy nopeammin kuin väestö ja vauraus

Und hier zeigt sich, dass die Bourgeoisie nicht mehr geeignet ist, die herrschende Klasse in der Gesellschaft zu sein

Ja tässä käy ilmeiseksi, että porvaristo ei enää sovellu yhteiskunnan hallitsevaksi luokaksi

und sie ist ungeeignet, der Gesellschaft ihre Existenzbedingungen als übergeordnetes Gesetz aufzuzwingen

ja on sopimatonta asettaa olemassaolonsa ehtoja yhteiskunnalle pakottavana lakina

Sie ist unfähig zu herrschen, weil sie unfähig ist, ihrem Sklaven in seiner Sklaverei eine Existenz zu sichern

Se on sopimaton hallitsemaan, koska se on kyvytön
takaamaan orjalleen olemassaolon orjuudessaan
denn sie kann nicht anders, als ihn in einen solchen Zustand
sinken zu lassen, daß sie ihn ernähren muss, statt von ihm
gefüttert zu werden
koska se ei voi olla antamatta hänen vajota sellaiseen tilaan,
että sen on ruokittava hänet sen sijaan, että hän ruokkisi häntä
Die Gesellschaft kann nicht länger unter dieser Bourgeoisie
leben
Yhteiskunta ei voi enää elää tämän porvariston alaisuudessa
Mit anderen Worten, ihre Existenz ist nicht mehr mit der
Gesellschaft vereinbar
Toisin sanoen sen olemassaolo ei ole enää yhteensopiva
yhteiskunnan kanssa
Die wesentliche Bedingung für die Existenz und die
Herrschaft der Bourgeoisie Klasse ist die Bildung und
Vermehrung des Kapitals
Porvarisluokan olemassaolon ja vallan välttämätön edellytys
on pääoman muodostuminen ja lisääminen
Die Bedingung für das Kapital ist Lohnarbeit
Pääoman ehtona on palkkatyö
Die Lohnarbeit beruht ausschließlich auf der Konkurrenz
zwischen den Arbeitern
Palkkatyö perustuu yksinomaan työläisten väliseen kilpailuun
Der Fortschritt der Industrie, deren unfreiwilliger Förderer
die Bourgeoisie ist, tritt an die Stelle der Isolierung der
Arbeiter
Teollisuuden edistyminen, jonka vastentahtoinen edistäjä on
porvaristo, korvaa työläisten eristyneisyyden
durch die Konkurrenz, durch ihre revolutionäre
Kombination, durch die Assoziation
johtuen kilpailusta, niiden vallankumouksellisesta
yhdistelmästä, yhdistymisestä johtuen
Die Entwicklung der modernen Industrie schneidet ihr die
Grundlage unter den Füßen weg, auf der die Bourgeoisie
Produkte produziert und sich aneignet

Nykyaikaisen teollisuuden kehitys leikkaa jalkojensa alta juuri sen perustan, jolle porvaristo tuottaa ja anastaa tuotteita

Was die Bourgeoisie vor allem produziert, sind ihre eigenen Totengräber

Porvaristo tuottaa ennen kaikkea omia haudankaivajiaan

Der Sturz der Bourgeoisie und der Sieg des Proletariats sind gleichermaßen unvermeidlich

Porvariston kukistuminen ja proletariaatin voitto ovat yhtä väistämättömiä

Proletarier und Kommunisten
Proletaarit ja kommunistit

In welchem Verhältnis stehen die Kommunisten zu den Proletariern insgesamt?

Missä suhteessa kommunistit ovat proletaareihin kokonaisuudessaan?

Die Kommunisten bilden keine eigene Partei, die anderen Arbeiterparteien entgegengesetzt ist

Kommunistit eivät muodosta erillistä puoluetta, joka vastaisi muita työväenluokan puolueita

Sie haben keine Interessen, die von denen des Proletariats als Ganzes getrennt und getrennt sind

Heillä ei ole mitään etuja, jotka olisivat erillisiä ja erillään koko proletariaatin intresseistä

Sie stellen keine eigenen sektiererischen Prinzipien auf, nach denen sie die proletarische Bewegung formen und formen könnten

He eivät aseta mitään omia lahkolaisia periaatteita, joiden avulla he voisivat muokata ja muokata proletaarista liikettä

Die Kommunisten unterscheiden sich von den anderen Arbeiterparteien nur durch zwei Dinge

Kommunistit eroavat muista työväenluokan puolueista vain kahdella asialla

Erstens: Sie weisen auf die gemeinsamen Interessen des gesamten Proletariats hin und bringen sie in den Vordergrund, unabhängig von jeder Nationalität

Ensinnäkin he korostavat ja tuovat etualalle koko proletariaatin yhteiset edut kansallisuudesta riippumatta

Das tun sie in den nationalen Kämpfen der Proletarier der verschiedenen Länder

Tämän he tekevät eri maiden proletaarien kansallisissa taisteluissa

Zweitens vertreten sie immer und überall die Interessen der gesamten Bewegung

Toiseksi he edustavat aina ja kaikkialla koko liikkeen etuja

das tun sie in den verschiedenen Entwicklungsstadien, die der Kampf der Arbeiterklasse gegen die Bourgeoisie zu durchlaufen hat

tämän he tekevät eri kehitysvaiheissa, jotka työväenluokan taistelun porvaristoa vastaan on käytävä läpi

Die Kommunisten sind also auf der einen Seite praktisch der fortschrittlichste und entschiedenste Teil der Arbeiterparteien eines jeden Landes

Kommunistit ovat siis käytännöllisesti katsoen kaikkien maiden työväenpuolueiden edistynein ja päättäväisin osa

Sie sind der Teil der Arbeiterklasse, der alle anderen vorantreibt

He ovat se työväenluokan osa, joka puskee kaikkia muita eteenpäin

Theoretisch haben sie auch den Vorteil, dass sie die Marschlinie klar verstehen

Teoreettisesti heillä on myös se etu, että he ymmärtävät selvästi marssilinjan

Das verstehen sie besser im Vergleich zu der großen Masse des Proletariats

Tämän he ymmärtävät paremmin verrattuna proletariaatin suuriin joukkoihin

Sie verstehen die Bedingungen und die letzten allgemeinen Ergebnisse der proletarischen Bewegung

He ymmärtävät proletaarisen liikkeen ehdot ja lopulliset yleiset tulokset

Das unmittelbare Ziel des Kommunisten ist dasselbe wie das aller anderen proletarischen Parteien

Kommunistisen puolueen välitön päämäärä on sama kuin kaikkien muidenkin proletaaristen puolueiden

Ihr Ziel ist die Formierung des Proletariats zu einer Klasse

Heidän päämääränään on proletariaatin muodostaminen luokaksi

sie zielen darauf ab, die Vorherrschaft der Bourgeoisie zu stürzen

he pyrkivät kukistamaan porvariston ylivallan

das Streben nach politischer Machteroberung durch das Proletariat

pyrkimys proletariaatin poliittisen vallan valloittamiseen

Die theoretischen Schlußfolgerungen der Kommunisten beruhen in keiner Weise auf Ideen oder Prinzipien der Reformer

Kommunistien teoreettiset johtopäätökset eivät millään tavoin perustu uudistajien ajatuksiin tai periaatteisiin

es waren keine Möchtegern-Universalreformer, die die theoretischen Schlussfolgerungen der Kommunisten erfunden oder entdeckt haben

mahdolliset yleismaailmalliset uudistajat eivät keksineet tai löytäneet kommunistien teoreettisia johtopäätöksiä

Sie drücken lediglich in allgemeinen Begriffen tatsächliche Verhältnisse aus, die aus einem bestehenden Klassenkampf hervorgehen

Ne vain ilmaisevat yleisesti olemassa olevasta luokkataistelusta kumpuavia todellisia suhteita

Und sie beschreiben die historische Bewegung, die sich unter unseren Augen abspielt und die diesen Klassenkampf hervorgebracht hat

Ja ne kuvaavat silmiemme alla tapahtuvaa historiallista liikettä, joka on luonut tämän luokkataistelun

Die Abschaffung bestehender Eigentumsverhältnisse ist keineswegs ein charakteristisches Merkmal des Kommunismus

Olemassa olevien omistussuhteiden poistaminen ei ole lainkaan kommunismin erottuva piirre

Alle Eigentumsverhältnisse in der Vergangenheit waren einem ständigen historischen Wandel unterworfen

Kaikki menneisyyden omistussuhteet ovat jatkuvasti olleet historiallisen muutoksen kohteena

Und diese Veränderungen waren eine Folge der Veränderung der historischen Bedingungen

Ja nämä muutokset johtuivat historiallisten olojen muuttumisesta

Die Französische Revolution zum Beispiel schaffte das Feudaleigentum zugunsten des Bourgeoisie Eigentums ab

Esimerkiksi Ranskan vallankumous lakkautti feodaalisen omaisuuden porvariston omaisuuden hyväksi

Das Unterscheidungsmerkmal des Kommunismus ist nicht die Abschaffung des Eigentums im Allgemeinen

Kommunismin tunnusomainen piirre ei ole omaisuuden lakkauttaminen yleensä

aber das Unterscheidungsmerkmal des Kommunismus ist die Abschaffung des Bourgeoisie Eigentums

mutta kommunismin tunnusomainen piirre on porvariston omaisuuden lakkauttaminen

Aber das Privateigentum der modernen Bourgeoisie ist der letzte und vollständigste Ausdruck des Systems der Produktion und Aneignung von Produkten

Mutta nykyajan porvariston yksityisomistus on tuotteiden tuotanto- ja omistusjärjestelmän lopullinen ja täydellisin ilmentymä

Es ist der Endzustand eines Systems, das auf Klassengegensätzen beruht, wobei der Klassenantagonismus die Ausbeutung der Vielen durch die Wenigen ist

Se on luokkavastakohtaisuuksiin perustuvan järjestelmän lopullinen tila, jossa luokkavastakohtaisuus on harvojen harjoittamaa monien riistoa

In diesem Sinne läßt sich die Theorie der Kommunisten in einem einzigen Satz zusammenfassen; die Abschaffung des Privateigentums

Tässä mielessä kommunistien teoria voidaan tiivistää yhteen lauseeseen; yksityisomistuksen lakkauttaminen

Uns Kommunisten hat man vorgeworfen, das Recht auf persönlichen Eigentumserwerb abschaffen zu wollen

Meitä kommunisteja on moitittu halusta poistaa oikeus hankkia omaisuutta henkilökohtaisesti

Es wird behauptet, dass diese Eigenschaft die Frucht der eigenen Arbeit eines Menschen ist

Väitetään, että tämä omaisuus on ihmisen oman työn tulos
Und diese Eigenschaft soll die Grundlage aller persönlichen Freiheit, Aktivität und Unabhängigkeit sein.
Ja tämän omaisuuden väitetään olevan kaiken henkilökohtaisen vapauden, toiminnan ja itsenäisyyden perusta.
"Hart erkämpftes, selbst erworbenes, selbst verdientes Eigentum!"
"Kovalla työllä hankittu, itse hankittu, itse ansaittu omaisuus!"
Meinst du das Eigentum des kleinen Handwerkers und des Kleinbauern?
Tarkoitatteko pikkukäsityöläisten ja pientalonpoikien omaisuutta?
Meinen Sie eine Form des Eigentums, die der Bourgeoisie Form vorausging?
Tarkoitatko sellaista omaisuuden muotoa, joka edelsi porvariston muotoa?
Es ist nicht nötig, sie abzuschaffen, die Entwicklung der Industrie hat sie zum großen Teil bereits zerstört
Sitä ei tarvitse poistaa, teollisuuden kehitys on jo suurelta osin tuhonnut sen
Und die Entwicklung der Industrie zerstört sie immer noch täglich
ja teollisuuden kehitys tuhoaa sitä edelleen päivittäin
Oder meinen Sie das moderne Bourgeoisie Privateigentum?
Vai tarkoitatko nykyaikaista porvariston yksityisomaisuutta?
Aber schafft die Lohnarbeit irgendein Eigentum für den Arbeiter?
Mutta luoko palkkatyö työläiselle mitään omaisuutta?
Nein, die Lohnarbeit schafft nicht ein bisschen von dieser Art von Eigentum!
Ei, palkkatyö ei luo tippaakaan tällaista omaisuutta!
Was Lohnarbeit schafft, ist Kapital; jene Art von Eigentum, das Lohnarbeit ausbeutet
palkkatyö luo pääomaa; sellainen omaisuus, joka riistää palkkatyötä

Das Kapital kann sich nur unter der Bedingung vermehren, daß es ein neues Angebot an Lohnarbeit für neue Ausbeutung erzeugt

Pääoma ei voi lisääntyä muutoin kuin sillä ehdolla, että syntyy uusi palkkatyön tarjonta uutta riistoa varten

Das Eigentum in seiner jetzigen Form beruht auf dem Antagonismus von Kapital und Lohnarbeit

Omaisuus nykyisessä muodossaan perustuu pääoman ja palkkatyön vastakohtaisuuteen

Betrachten wir beide Seiten dieses Antagonismus

Tarkastelkaamme tämän vastakkainasettelun molempia puolia

Kapitalist zu sein bedeutet nicht nur, einen rein persönlichen Status zu haben

Kapitalistina oleminen ei tarkoita pelkästään henkilökohtaista asemaa

Stattdessen bedeutet Kapitalist zu sein auch, einen sozialen Status in der Produktion zu haben

Sen sijaan kapitalistina oleminen tarkoittaa myös yhteiskunnallista asemaa tuotannossa

weil Kapital ein kollektives Produkt ist; Nur durch das gemeinsame Handeln vieler Mitglieder kann sie in Gang gesetzt werden

koska pääoma on kollektiivinen tuote; Se voidaan panna liikkeelle vain monien jäsenten yhteisellä toiminnalla

Aber dieses gemeinsame Handeln ist der letzte Ausweg und erfordert eigentlich alle Mitglieder der Gesellschaft

Mutta tämä yhtenäinen toiminta on viimeinen keino ja vaatii itse asiassa kaikkia yhteiskunnan jäseniä

Das Kapital verwandelt sich in das Eigentum aller Mitglieder der Gesellschaft

Pääoma muuttuu yhteiskunnan kaikkien jäsenten omaisuudeksi

aber das Kapital ist also keine persönliche Macht; Es ist eine gesellschaftliche Macht

mutta pääoma ei siis ole persoonallinen voima; Se on
sosiaalinen voima

**Wenn also Kapital in gesellschaftliches Eigentum
umgewandelt wird, so verwandelt sich dadurch nicht
persönliches Eigentum in gesellschaftliches Eigentum**

Kun pääoma siis muunnetaan yhteiskunnalliseksi
omaisuudeksi, henkilökohtaista omaisuutta ei sillä keinoin
muuteta yhteiskunnalliseksi omaisuudeksi

**Nur der gesellschaftliche Charakter des Eigentums wird
verändert und verliert seinen Klassencharakter**

Vain omaisuuden sosiaalinen luonne muuttuu ja menettää
luokkaluonteensa

Betrachten wir nun die Lohnarbeit

Katsokaamme nyt palkkatyötä

**Der Durchschnittspreis der Lohnarbeit ist der Mindestlohn,
d.h. das Quantum der Lebensmittel**

Palkkatyön keskihinta on minimipalkka, ts. tuo
toimeentulovälineiden määrä

**Dieser Lohn ist für die bloße Existenz als Arbeiter absolut
notwendig**

Tämä palkka on ehdoton edellytys pelkälle olemassaololle
työläisenä

**Was sich also der Lohnarbeiter durch seine Arbeit aneignet,
genügt nur, um ein bloßes Dasein zu verlängern und zu
reproduzieren**

Se, minkä palkkatyöläinen siis anastaa työllään, riittää vain
pidentämään ja uusintamaan pelkän olemassaolon

**Wir beabsichtigen keineswegs, diese persönliche
Aneignung der Arbeitsprodukte abzuschaffen**

Emme missään nimessä aio lakkauttaa tätä työn tuotteiden
henkilökohtaista haltuunottoa

**eine Aneignung, die für die Erhaltung und Reproduktion
des menschlichen Lebens bestimmt ist**

määräraha, joka on tehty ihmiselämän ylläpitoon ja
uusintamiseen

Eine solche persönliche Aneignung der Arbeitsprodukte lässt keinen Überschuss übrig, mit dem man die Arbeit anderer befehlen könnte

Tällainen työn tuotteiden henkilökohtainen haltuunotto ei jätä ylijäämää, jolla hallita muiden työtä;

Alles, was wir beseitigen wollen, ist der erbärmliche Charakter dieser Aneignung

Haluamme päästä eroon vain tämän määrärahan surkeasta luonteesta

die Aneignung, unter der der Arbeiter lebt, bloß um das Kapital zu vermehren

määräraha, jonka alaisuudessa työläinen elää vain pääoman lisäämiseksi;

Er darf nur leben, soweit es das Interesse der herrschenden Klasse erfordert

Hän saa elää vain niin kauan kuin hallitsevan luokan etu sitä vaatii

In der Bourgeoisie Gesellschaft ist die lebendige Arbeit nur ein Mittel, um die akkumulierte Arbeit zu vermehren

Porvarisyhteiskunnassa elävä työ on vain keino lisätä kasautunutta työtä

In der kommunistischen Gesellschaft ist die akkumulierte Arbeit nur ein Mittel, um die Existenz des Arbeiters zu erweitern, zu bereichern und zu fördern

Kommunistisessa yhteiskunnassa kasautunut työ on vain keino laajentaa, rikastuttaa ja edistää työläisen olemassaoloa

In der Bourgeoisie Gesellschaft dominiert daher die Vergangenheit die Gegenwart

Porvarillisessa yhteiskunnassa menneisyys hallitsee siis nykyisyyttä

In der kommunistischen Gesellschaft dominiert die Gegenwart die Vergangenheit

kommunistisessa yhteiskunnassa nykyisyys hallitsee menneisyyttä

In der Bourgeoisie Gesellschaft ist das Kapital unabhängig und hat Individualität

Porvarillisessa yhteiskunnassa pääoma on itsenäistä ja
yksilöllistä

**In der Bourgeoisie Gesellschaft ist der lebende Mensch
abhängig und hat keine Individualität**

Porvarillisessa yhteiskunnassa elävä ihminen on riippuvainen
eikä hänellä ole yksilöllisyyttä

**Und die Abschaffung dieses Zustandes wird von der
Bourgeoisie als Abschaffung der Individualität und Freiheit
bezeichnet!**

Ja porvaristo kutsuu tämän asiaintilan lakkauttamista,
yksilöllisyyden ja vapauden lakkauttamista!

**Und man nennt sie mit Recht die Abschaffung von
Individualität und Freiheit!**

Ja sitä kutsutaan oikeutetusti yksilöllisyyden ja vapauden
poistamiseksi!

**Der Kommunismus strebt die Abschaffung der Bourgeoisie
Individualität an**

Kommunismi pyrkii hävittämään porvariston yksilöllisyyden

**Der Kommunismus strebt die Abschaffung der
Unabhängigkeit der Bourgeoisie an**

Kommunismi pyrkii lakkauttamaan porvariston itsenäisyyden

**Die BourgeoisieFreiheit ist zweifellos das, was der
Kommunismus anstrebt**

Porvariston vapaus on epäilemättä se, mihin kommunismi
tähtää

**unter den gegenwärtigen Bourgeoisie
Produktionsbedingungen bedeutet Freiheit freien Handel,
freien Verkauf und freien Kauf**

Porvariston nykyisissä tuotantoehdoissa vapaus merkitsee
vapaata kauppaa, vapaata myyntiä ja ostamista

**Aber wenn das Verkaufen und Kaufen verschwindet,
verschwindet auch das freie Verkaufen und Kaufen**

Mutta jos myyminen ja ostaminen katoavat, katoaa myös
vapaa myynti ja ostaminen

**"Mutige Worte" der Bourgeoisie über den freien Verkauf
und Kauf haben nur eine begrenzte Bedeutung**

Porvariston »rohkeilla sanoilla» vapaasta myynnistä ja
ostamisesta on merkitystä vain rajoitetussa merkityksessä
**Diese Worte haben nur im Gegensatz zu eingeschränktem
Verkauf und Kauf eine Bedeutung**
Näillä sanoilla on merkitystä vain toisin kuin rajoitetulla
myynnillä ja ostamisella
**und diese Worte haben nur dann eine Bedeutung, wenn sie
auf die gefesselten Händler des Mittelalters angewandt
werden**
ja näillä sanoilla on merkitystä vain silloin, kun niitä
sovelletaan keskiajan kahlehtineisiin kauppiaisiin
**und das setzt voraus, dass diese Worte überhaupt eine
Bedeutung im Bourgeoisie Sinne haben**
ja se olettaa, että näillä sanoilla on jopa merkitystä
porvarillisessa mielessä
**aber diese Worte haben keine Bedeutung, wenn sie
gebraucht werden, um sich gegen die kommunistische
Abschaffung des Kaufens und Verkaufens zu wehren**
mutta näillä sanoilla ei ole mitään merkitystä, kun niitä
käytetään vastustamaan kommunistista ostamisen ja
myymisen poistamista
**die Worte haben keine Bedeutung, wenn sie gebraucht
werden, um sich gegen die Abschaffung der Bourgeoisie
Produktionsbedingungen zu wehren**
sanoilla ei ole mitään merkitystä, kun niitä käytetään
vastustamaan porvariston tuotantoehtojen lakkauttamista
**und sie haben keine Bedeutung, wenn sie benutzt werden,
um sich gegen die Abschaffung der Bourgeoisie selbst zu
wehren**
eikä niillä ole mitään merkitystä, kun niitä käytetään
vastustamaan itse porvariston lakkauttamista
**Sie sind entsetzt über unsere Absicht, das Privateigentum
abzuschaffen**
Olette kauhuissanne siitä, että aiomme hävittää
yksityisomaisuuden

Aber in eurer jetzigen Gesellschaft ist das Privateigentum
für neun Zehntel der Bevölkerung bereits abgeschafft

Mutta nykyisessä yhteiskunnassanne yksityisomistus on jo
hävitetty yhdeksältä kymmenesosalta väestöstä

Die Existenz des Privateigentums für einige wenige beruht
einzig und allein darauf, dass es in den Händen von neun
Zehnteln der Bevölkerung nicht existiert

Yksityisomaisuuden olemassaolo harvoille johtuu yksinomaan
siitä, että sitä ei ole yhdeksän kymmenesosan väestöstä käsissä

Sie werfen uns also vor, daß wir eine Form des Eigentums
abschaffen wollen

Te moititte meitä siis siitä, että aiomme hävittää eräänlaisen
omaisuuden

Aber das Privateigentum erfordert für die ungeheure
Mehrheit der Gesellschaft die Nichtexistenz jeglichen
Eigentums

Mutta yksityisomistus tekee välttämättömäksi, ettei
yhteiskunnan suunnattomalle enemmistölle ole mitään
omaisuutta

Mit einem Wort, Sie werfen uns vor, daß wir Ihr Eigentum
beseitigen wollen

Yhdellä sanalla moititte meitä aikomuksestamme hävittää
omaisuutenne

Und genau so ist es; Ihr Eigentum abzuschaffen, ist genau
das, was wir beabsichtigen

Ja juuri niin; Omaisuutesi poistaminen on juuri sitä, mitä
aiomme

Von dem Augenblick an, wo die Arbeit nicht mehr in
Kapital, Geld oder Rente verwandelt werden kann

Siitä hetkestä lähtien, kun työtä ei voida enää muuttaa
pääomaksi, rahaksi tai vuokraksi

wenn die Arbeit nicht mehr in eine gesellschaftliche Macht
umgewandelt werden kann, die monopolisiert werden kann

kun työtä ei voida enää muuttaa monopolisoitavaksi
yhteiskunnalliseksi mahdiksi

**von dem Augenblick an, wo das individuelle Eigentum
nicht mehr in Bourgeoisie Eigentum verwandelt werden
kann**
siitä hetkestä lähtien, kun yksityistä omaisuutta ei enää voida
muuttaa porvariston omaisuudeksi
**von dem Augenblick an, wo das individuelle Eigentum
nicht mehr in Kapital verwandelt werden kann**
siitä hetkestä lähtien, kun yksilöllistä omaisuutta ei enää voida
muuttaa pääomaksi
**Von diesem Moment an sagst du, dass die Individualität
verschwindet**
Siitä hetkestä lähtien sanot, että yksilöllisyys katoaa
**Sie müssen also gestehen, daß Sie mit »Individuum« keine
andere Person meinen als die Bourgeoisie**
Teidän on siis tunnustettava, että »yksilöllä» ei tarkoiteta
ketään muuta henkilöä kuin porvaristoa
**Sie müssen zugeben, dass es sich speziell auf den
Bourgeoisie Eigentümer von Immobilien bezieht**
Sinun on tunnustettava, että se viittaa nimenomaan
keskiluokan omaisuuden omistajaan
**Diese Person muss in der Tat aus dem Weg geräumt und
unmöglich gemacht werden**
Tämä henkilö on todellakin pyyhkäistävä pois tieltä ja tehtävä
mahdottomaksi
**Der Kommunismus beraubt niemanden der Macht, sich die
Produkte der Gesellschaft anzueignen**
Kommunismi ei riistä keneltäkään valtaa anastaa
yhteiskunnan tuotteita
**Alles, was der Kommunismus tut, ist, ihm die Macht zu
nehmen, die Arbeit anderer durch eine solche Aneignung zu
unterjochen**
kommunismi vain riistää häneltä vallan alistaa muiden työ
tällaisen haltuunoton avulla
**Man hat eingewendet, daß mit der Abschaffung des
Privateigentums alle Arbeit aufhören werde**

On vastustettu, että yksityisomistuksen lakkauttamisen jälkeen kaikki työ lakkaa

Und dann wird suggeriert, dass uns die universelle Faulheit überwältigen wird

Ja sitten ehdotetaan, että yleinen laiskuus ohittaa meidät

Demnach hätte die BourgeoisieGesellschaft schon längst vor lauter Müßiggang vor die Hunde gehen müssen

Tämän mukaan porvariston yhteiskunnan olisi jo kauan sitten pitänyt mennä koirille silkan joutilaisuuden kautta

denn diejenigen ihrer Mitglieder, die arbeiten, erwerben nichts

koska ne sen jäsenet, jotka työskentelevät, eivät saa mitään

und diejenigen von ihren Mitgliedern, die etwas erwerben, arbeiten nicht

ja ne sen jäsenet, jotka hankkivat jotain, eivät toimi

Der ganze Einwand ist nur ein weiterer Ausdruck der Tautologie

Koko tämä vastaväite on vain yksi tautologian ilmentymä

Es kann keine Lohnarbeit mehr geben, wenn es kein Kapital mehr gibt

Palkkatyötä ei voi enää olla, kun pääomaa ei enää ole

Es gibt keinen Unterschied zwischen materiellen und mentalen Produkten

Aineellisten tuotteiden ja henkisten tuotteiden välillä ei ole eroa

Der Kommunismus schlägt vor, dass beides auf die gleiche Weise produziert wird

Kommunismi ehdottaa, että nämä molemmat tuotetaan samalla tavalla

aber die Einwände gegen die kommunistischen Produktionsweisen sind dieselben

mutta vastaväitteet kommunistisia tuotantotapoja vastaan ovat samat

Für die Bourgeoisie ist das Verschwinden des Klasseneigentums das Verschwinden der Produktion selbst

Porvaristolle luokkaomaisuuden katoaminen merkitsee itse
tuotannon katoamista
**So ist für ihn das Verschwinden der Klassenkultur identisch
mit dem Verschwinden aller Kultur**
Niinpä luokkakulttuurin katoaminen on hänelle sama asia
kuin koko kulttuurin katoaminen
**Diese Kultur, deren Verlust er beklagt, ist für die
überwiegende Mehrheit ein bloßes Training, um als
Maschine zu agieren**
Tämä kulttuuri, jonka menetystä hän harmittelee, on
valtaosalle pelkkää koulutusta toimimaan koneena
**Die Kommunisten haben die Absicht, die Kultur des
Bourgeoisie Eigentums abzuschaffen**
Kommunistit aikovat kovasti hävittää porvariston
omistuskulttuurin
**Aber zankt euch nicht mit uns, solange ihr den Maßstab
eurer Bourgeoisie Vorstellungen von Freiheit, Kultur, Recht
usw. anlegt**
Mutta älkää kiistelkö kanssamme niin kauan kuin sovellatte
porvariston käsityksiä vapaudesta, kulttuurista, laista jne
**Eure Ideen selbst sind nur die Auswüchse der Bedingungen
eurer Bourgeoisie Produktion und eures Bourgeoisie
Eigentums**
Teidän nimenomaiset ajatuksenne ovat vain porvariston
tuotannon ja porvariston omaisuuden ehtojen seurauksia
**so wie eure Jurisprudenz nichts anderes ist als der Wille
eurer Klasse, der zum Gesetz für alle gemacht wurde**
Aivan kuten oikeuskäytäntösi on, mutta luokkasi tahto on
tehty laiksi kaikille
**Der wesentliche Charakter und die Richtung dieses Willens
werden durch die ökonomischen Bedingungen bestimmt,
die Ihre soziale Klasse schafft**
Tämän tahdon olennainen luonne ja suunta määräytyvät
yhteiskuntaluokkanne luomien taloudellisten olosuhteiden
mukaan

Der selbstsüchtige Irrtum, der dich veranlaßt, soziale
Formen in ewige Gesetze der Natur und der Vernunft zu
verwandeln
Itsekäs väärinkäsitys, joka saa sinut muuttamaan sosiaaliset
muodot ikuisiksi luonnon- ja järjen laeiksi
die gesellschaftlichen Formen, die aus eurer gegenwärtigen
Produktionsweise und Eigentumsform entspringen
yhteiskunnalliset muodot, jotka juontavat juurensa nykyisestä
tuotantotavastanne ja omistusmuodostanne
historische Beziehungen, die im Fortschritt der Produktion
auf- und verschwinden
historialliset suhteet, jotka nousevat ja katoavat tuotannon
kehittyessä
Dieses Missverständnis teilt ihr mit jeder herrschenden
Klasse, die euch vorausgegangen ist
Tämän väärinkäsityksen jaat jokaisen hallitsevan luokan
kanssa, joka on edeltänyt sinua
Was Sie bei antikem Eigentum klar sehen, was Sie bei
feudalem Eigentum zugeben
Mitä näette selvästi muinaisen omaisuuden tapauksessa, mitä
myönnätte feodaalisen omaisuuden tapauksessa
diese Dinge dürfen Sie natürlich nicht zugeben, wenn es
sich um Ihre eigene BourgeoisieEigentumsform handelt
näitä asioita teitä on tietenkin kielletty myöntämästä oman
porvariston omistusmuodon tapauksessa;
Abschaffung der Familie! Selbst die Radikalsten entrüsten
sich über diesen infamen Vorschlag der Kommunisten
Perheen lakkauttaminen! Jopa radikaaleimmat leimahtavat
tätä kommunistien surullisen kuuluisaa ehdotusta
Auf welcher Grundlage beruht die heutige Familie, die
BourgeoisieFamilie?
Mille perustalle nykyinen perhe, porvarisperhe, perustuu?
Die Gründung der heutigen Familie beruht auf Kapital und
privatem Gewinn
Nykyisen perheen perusta perustuu pääomaan ja yksityiseen
hyötyyn

In ihrer voll entwickelten Form existiert diese Familie nur unter der Bourgeoisie
Täysin kehittyneessä muodossaan tämä perhe on olemassa vain porvariston keskuudessa
Dieser Zustand der Dinge findet seine Ergänzung in der praktischen Abwesenheit der Familie bei den Proletariern
Tämä asiaintila saa täydennyksensä, kun proletaarien keskuudessa ei käytännössä ole perhettä
Dieser Zustand ist in der öffentlichen Prostitution zu finden
Tämä asiaintila löytyy julkisesta prostituutiosta
Die BourgeoisieFamilie wird wie selbstverständlich verschwinden, wenn ihr Komplement verschwindet
Porvarisperhe katoaa itsestäänselvyytenä, kun sen täydennys katoaa
Und beides wird mit dem Verschwinden des Kapitals verschwinden
Ja nämä molemmat tulevat katoamaan pääoman kadotessa
Werfen Sie uns vor, dass wir die Ausbeutung von Kindern durch ihre Eltern stoppen wollen?
Syytättekö meitä siitä, että haluamme lopettaa vanhempien harjoittaman lasten hyväksikäytön?
Diesem Verbrechen bekennen wir uns schuldig
Tähän rikokseen tunnustamme syyllisyytemme
Aber, werden Sie sagen, wir zerstören die heiligsten Beziehungen, wenn wir die häusliche Erziehung durch die soziale Erziehung ersetzen
Mutta te sanotte, me tuhoamme kaikkein pyhimmät suhteet, kun korvaamme kotiopetuksen sosiaalisella kasvatuksella
Ist Ihre Erziehung nicht auch sozial? Und wird sie nicht von den gesellschaftlichen Bedingungen bestimmt, unter denen man erzieht?
Eikö koulutuksesi ole myös sosiaalista? Ja eikö se määräydy sosiaalisten olojen mukaan, joissa koulutat?
durch direkte oder indirekte Eingriffe in die Gesellschaft, durch Schulen usw.

yhteiskunnan suoralla tai välillisellä väliintulolla, koulujen
kautta jne.

**Die Kommunisten haben die Einmischung der Gesellschaft
in die Erziehung nicht erfunden**

Kommunistit eivät ole keksineet yhteiskunnan puuttumista
koulutukseen

**Sie versuchen lediglich, den Charakter dieses Eingriffs zu
ändern**

Ne pyrkivät vain muuttamaan tämän väliintulon luonnetta

**Und sie versuchen, das Bildungswesen vor dem Einfluss der
herrschenden Klasse zu retten**

ja he pyrkivät pelastamaan koulutuksen hallitsevan luokan
vaikutukselta

**Die Bourgeoisie spricht von der geheiligten Beziehung von
Eltern und Kind**

Porvaristo puhuu vanhemman ja lapsen pyhästä suhteesta

**aber dieses Geschwätz über die Familie und die Erziehung
wird um so widerwärtiger, wenn wir die moderne Industrie
betrachten**

mutta tämä taputusloukku perheestä ja koulutuksesta tulee
sitäkin inhottavammaksi, kun katsomme modernia
teollisuutta

**Alle Familienbande unter den Proletariern werden durch die
moderne Industrie zerrissen**

Nykyaikainen teollisuus repii rikki kaikki proletaarien väliset
perhesiteet

**ihre Kinder werden zu einfachen Handelsartikeln und
Arbeitsinstrumenten**

Heidän lapsensa muutetaan yksinkertaisiksi kauppatavaroiksi
ja työvälineiksi

**Aber ihr Kommunisten würdet eine Gemeinschaft von
Frauen schaffen, schreit die ganze Bourgeoisie im Chor**

Mutta te kommunistit loisitte naisten yhteisön, huutaa koko
porvaristo kuorossa

**Die Bourgeoisie sieht in seiner Frau ein bloßes
Produktionsinstrument**

Porvaristo näkee vaimossaan pelkän tuotantovälineen
Er hört, dass die Produktionsmittel von allen ausgebeutet werden sollen
Hän kuulee, että tuotantovälineitä on käytettävä kaikkien hyväksi
Und natürlich kann er zu keinem anderen Schluß kommen, als daß das Los, allen gemeinsam zu sein, auch den Frauen zufallen wird
Ja luonnollisesti hän ei voi tulla muuhun johtopäätökseen kuin, että kaikille yhteinen osa lankeaa myös naisille
Er hat nicht einmal den geringsten Verdacht, dass es in Wirklichkeit darum geht, die Stellung der Frau als bloße Produktionsinstrumente abzuschaffen
Hän ei edes epäile, että todellinen tarkoitus on poistaa naisten asema pelkkinä tuotantovälineinä
Im übrigen ist nichts lächerlicher als die tugendhafte Empörung unserer Bourgeoisie über die Gemeinschaft der Frauen
Muuten mikään ei ole naurettavampaa kuin porvaristomme hyveellinen suuttumus naisten yhteisöä kohtaan
sie tun so, als ob sie von den Kommunisten offen und offiziell eingeführt werden sollte
he teeskentelevät, että kommunistit perustavat sen avoimesti ja virallisesti
Die Kommunisten haben es nicht nötig, die Gemeinschaft der Frauen einzuführen, sie existiert fast seit undenklichen Zeiten
Kommunisteilla ei ole tarvetta ottaa käyttöön naisten yhteisöä, se on ollut olemassa melkein ikimuistoisista ajoista lähtien
Unsere Bourgeoisie begnügt sich nicht damit, die Frauen und Töchter ihrer Proletarier zur Verfügung zu haben
Porvaristomme ei tyydy siihen, että heidän proletaariensa vaimot ja tyttäret ovat heidän käytettävissään
Sie haben das größte Vergnügen daran, ihre Frauen gegenseitig zu verführen
He nauttivat eniten toistensa vaimojen viettelemisestä

Und das ist noch nicht einmal von gewöhnlichen Prostituierten zu sprechen

Puhumattakaan tavallisista prostituoiduista

Die BourgeoisieEhe ist in Wirklichkeit ein System gemeinsamer Ehefrauen

Porvariston avioliitto on todellisuudessa yhteinen vaimojärjestelmä

dann gibt es eine Sache, die man den Kommunisten vielleicht vorwerfen könnte

sitten on yksi asia, josta kommunisteja voidaan mahdollisesti moittia

Sie wollen eine offen legalisierte Gemeinschaft von Frauen einführen

He haluavat ottaa käyttöön avoimesti laillistetun naisyhteisön

statt einer heuchlerisch verhüllten Gemeinschaft von Frauen

tekopyhästi piilotetun naisyhteisön sijaan

Die Gemeinschaft der Frauen, die aus dem Produktionssystem hervorgegangen ist

Tuotantojärjestelmästä kumpuava naisten yhteisö

Schafft das Produktionssystem ab, und ihr schafft die Gemeinschaft der Frauen ab

Lakkauttakaa tuotantojärjestelmä ja lakkauttakaa naisten yhteisö

Sowohl die öffentliche Prostitution als auch die private Prostitution wird abgeschafft

sekä julkinen prostituutio lakkautetaan että yksityinen prostituutio

Den Kommunisten wird noch dazu vorgeworfen, sie wollten Länder und Nationalitäten abschaffen

Kommunisteja moititaan vielä enemmän siitä, että he haluavat lakkauttaa maat ja kansallisuuden

Die Arbeiter haben kein Vaterland, also können wir ihnen nicht nehmen, was sie nicht haben

Työläisillä ei ole maata, joten emme voi ottaa heiltä sitä, mitä heillä ei ole

Das Proletariat muss vor allem die politische Herrschaft erlangen

Proletariaatin on ennen kaikkea saavutettava poliittinen ylivalta

Das Proletariat muss sich zur führenden Klasse der Nation erheben

Proletariaatin on noustava kansakunnan johtavaksi luokaksi

Das Proletariat muss sich zur Nation konstituieren

Proletariaatin on muodostettava itsensä kansakunnaksi

sie ist bis jetzt selbst national, wenn auch nicht im Bourgeoisie Sinne des Wortes

se on toistaiseksi itse kansallinen, vaikkakaan ei sanan porvarillisessa merkityksessä

Nationale Unterschiede und Gegensätze zwischen den Völkern verschwinden täglich mehr und mehr

Kansalliset erot ja kansojen väliset vastakkainasettelut häviävät päivä päivältä yhä enemmän

der Entwicklung der Bourgeoisie, der Freiheit des Handels, des Weltmarktes

porvariston kehityksen, kaupan vapauden ja maailmanmarkkinoiden vuoksi

zur Gleichförmigkeit der Produktionsweise und der ihr entsprechenden Lebensbedingungen

tuotantotavan ja sitä vastaavien elinolosuhteiden yhdenmukaisuuteen

Die Herrschaft des Proletariats wird sie noch schneller verschwinden lassen

Proletariaatin ylivalta saa heidät katoamaan yhä nopeammin

Die einheitliche Aktion, wenigstens der führenden zivilisierten Länder, ist eine der ersten Bedingungen für die Befreiung des Proletariats

Ainakin johtavien sivistysmaiden yhteinen toiminta on proletariaatin vapautumisen ensimmäisiä ehtoja

In dem Maße, wie der Ausbeutung eines Individuums durch ein anderes ein Ende gesetzt wird, wird auch der

Ausbeutung einer Nation durch eine andere ein Ende gesetzt.

Sitä mukaa kuin toisen yksilön harjoittama riisto, loppuu myös toisen kansakunnan harjoittama riisto.

In dem Maße, wie der Antagonismus zwischen den Klassen innerhalb der Nation verschwindet, wird die Feindschaft einer Nation gegen die andere ein Ende haben

Sitä mukaa kuin luokkien välinen vastakkainasettelu kansakunnan sisällä häviää, loppuu yhden kansakunnan vihamielisyys toista kansakuntaa kohtaan

Die Anschuldigungen gegen den Kommunismus, die von einem religiösen, philosophischen und allgemein von einem ideologischen Standpunkt aus erhoben werden, verdienen keine ernsthafte Prüfung

Kommunismia vastaan uskonnollisesta, filosofisesta ja yleensä ideologisesta näkökulmasta esitetyt syytökset eivät ansaitse vakavaa tarkastelua

Braucht es eine tiefe Intuition, um zu begreifen, dass sich die Ideen, Ansichten und Vorstellungen des Menschen mit jeder Veränderung der Bedingungen seiner materiellen Existenz ändern?

Vaatiiko se syvää intuitiota ymmärtääkseen, että ihmisen ajatukset, näkemykset ja käsitykset muuttuvat jokaisen muutoksen myötä hänen aineellisen olemassaolonsa olosuhteissa?

Ist es nicht offensichtlich, dass das Bewusstsein des Menschen sich Verändert, wenn seine sozialen Beziehungen und sein soziales Leben ändern?

Eikö ole ilmeistä, että ihmisen tietoisuus muuttuu, kun hänen sosiaaliset suhteensa ja sosiaalinen elämänsä muuttuvat?

Was beweist die Ideengeschichte anderes, als daß die geistige Produktion ihren Charakter in dem Maße ändert, wie die materielle Produktion verändert wird?

Mitä muuta aatehistoria todistaa kuin sen, että henkinen tuotanto muuttaa luonnettaan samassa suhteessa kuin aineellinen tuotanto muuttuu?

Die herrschenden Ideen eines jeden Zeitalters waren immer die Ideen seiner herrschenden Klasse

Kunkin aikakauden hallitsevat ideat ovat aina olleet sen hallitsevan luokan ideoita

Wenn Menschen von Ideen sprechen, die die Gesellschaft revolutionieren, drücken sie nur eine Tatsache aus

Kun ihmiset puhuvat ajatuksista, jotka mullistavat yhteiskunnan, he ilmaisevat vain yhden tosiasian

Innerhalb der alten Gesellschaft wurden die Elemente einer neuen geschaffen

Vanhassa yhteiskunnassa on luotu uuden yhteiskunnan elementit

und daß die Auflösung der alten Ideen mit der Auflösung der alten Daseinsverhältnisse Schritt hält

ja että vanhojen ideoiden hajoaminen pysyy samassa tahdissa vanhojen olemassaolon ehtojen hajoamisen kanssa

Als die Antike in den letzten Zügen lag, wurden die alten Religionen vom Christentum überwunden

Kun muinainen maailma oli viimeisissä tuskissaan, kristinusko voitti muinaiset uskonnot

Als die christlichen Ideen im 18. Jahrhundert den rationalistischen Ideen erlagen, kämpfte die feudale Gesellschaft ihren Todeskampf mit der damals revolutionären Bourgeoisie

Kun kristilliset aatteet antautuivat 1800-luvulla rationalistisille ajatuksille, feodaalinen yhteiskunta taisteli kuolemantaistelunsa silloista vallankumouksellista porvaristoa vastaan

Die Ideen der Religions- und Gewissensfreiheit brachten lediglich die Herrschaft des freien Wettbewerbs auf dem Gebiet des Wissens zum Ausdruck

Uskonnonvapauden ja omantunnonvapauden ajatukset vain ilmaisivat vapaan kilpailun vallan tiedon alalla

"Zweifellos", wird man sagen, "sind religiöse, moralische, philosophische und juristische Ideen im Laufe der geschichtlichen Entwicklung modifiziert worden"

"Epäilemättä", sanotaan, "uskonnolliset, moraaliset, filosofiset ja oikeudelliset ajatukset ovat muuttuneet historiallisen kehityksen aikana"

"Aber Religion, Moralphilosophie, Politikwissenschaft und Recht überlebten diesen Wandel ständig."

"Mutta uskonto, moraalifilosofia, valtio-oppi ja laki selvisivät jatkuvasti tästä muutoksesta."

"Es gibt auch ewige Wahrheiten, wie Freiheit, Gerechtigkeit usw."

"On myös iankaikkisia totuuksia, kuten vapaus, oikeudenmukaisuus jne."

"Diese ewigen Wahrheiten sind allen Zuständen der Gesellschaft gemeinsam"

"Nämä ikuiset totuudet ovat yhteisiä kaikille yhteiskunnan tiloille"

"Aber der Kommunismus schafft die ewigen Wahrheiten ab, er schafft alle Religion und alle Moral ab."

"Mutta kommunismi poistaa ikuiset totuudet, se hävittää kaiken uskonnon ja kaiken moraalin."

"Sie tut dies, anstatt sie auf einer neuen Grundlage zu konstituieren"

"Se tekee tämän sen sijaan, että muodostaisi ne uudelta pohjalta"

"Sie handelt daher im Widerspruch zu allen bisherigen historischen Erfahrungen"

"Siksi se toimii ristiriidassa kaiken aikaisemman historiallisen kokemuksen kanssa"

Worauf reduziert sich dieser Vorwurf?

Mihin tämä syytös pelkistyy?

Die Geschichte aller vergangenen Gesellschaften hat in der Entwicklung von Klassengegensätzen bestanden

Koko menneen yhteiskunnan historia on koostunut luokkavastakohtien kehittymisestä

Antagonismen, die in verschiedenen Epochen unterschiedliche Formen annahmen

antagonismit, jotka saivat erilaisia muotoja eri aikakausina

Aber welche Form sie auch immer angenommen haben mögen, eine Tatsache ist allen vergangenen Zeitaltern gemeinsam

Mutta minkä muodon ne ovatkin saaneet, yksi tosiasia on yhteinen kaikille menneille aikakausille

die Ausbeutung eines Teils der Gesellschaft durch den anderen

yhteiskunnan yhden osan hyväksikäyttö toisen toimesta

Kein Wunder also, dass sich das gesellschaftliche Bewußtsein vergangener Zeiten innerhalb gewisser allgemeiner Formen oder allgemeiner Vorstellungen bewegt

Ei siis ihme, että menneiden aikojen sosiaalinen tietoisuus liikkuu tiettyjen yhteisten muotojen tai yleisten ideoiden sisällä

(und das trotz aller Vielfalt und Vielfalt, die es zeigt)

(ja tämä on huolimatta kaikesta sen moninaisuudesta ja monipuolisuudesta)

Und diese können nur mit dem gänzlichen Verschwinden der Klassengegensätze völlig verschwinden

Eivätkä ne voi kokonaan hävitä, paitsi luokkavastakohtaisuuksien täydelliseen häviämiseen

Die kommunistische Revolution ist der radikalste Bruch mit den traditionellen Eigentumsverhältnissen

Kommunistinen vallankumous on radikaalein repeämä perinteisissä omistussuhteissa

Kein Wunder, dass ihre Entwicklung den radikalsten Bruch mit den traditionellen Vorstellungen mit sich bringt

Ei ihme, että sen kehittämiseen liittyy radikaalein repeämä perinteisten ideoiden kanssa

Aber lassen wir die Einwände der Bourgeoisie gegen den Kommunismus hinter uns

Mutta lopettakaamme porvariston vastustus kommunismia vastaan

Wir haben oben den ersten Schritt der Arbeiterklasse in der Revolution gesehen

Olemme edellä nähneet työväenluokan vallankumouksen ensimmäisen askeleen

Das Proletariat muss zur Herrschaft erhoben werden, um den Kampf der Demokratie zu gewinnen

Proletariaatti on nostettava hallitsevaan asemaan, demokratian taistelun voittamiseksi

Das Proletariat wird seine politische Vorherrschaft benutzen, um der Bourgeoisie nach und nach alles Kapital zu entreißen

Proletariaatti käyttää poliittista ylivaltaansa riistääkseen asteittain kaiken pääoman porvaristolta

sie wird alle Produktionsmittel in den Händen des Staates zentralisieren

se keskittää kaikki tuotantovälineet valtion käsiin

Mit anderen Worten, das Proletariat organisierte sich als herrschende Klasse

Toisin sanoen proletariaatti järjestäytyi hallitsevaksi luokaksi

Und sie wird die Summe der Produktivkräfte so schnell wie möglich vermehren

ja se lisää tuotantovoimien kokonaismäärää mahdollisimman nopeasti

Natürlich kann dies anfangs nur durch despotische Eingriffe in die Eigentumsrechte geschehen

Alussa tämä ei tietenkään voi tapahtua muuten kuin despoottisilla tunkeutumisilla omistusoikeuksiin

und sie muss unter den Bedingungen der Bourgeoisie Produktion erreicht werden

ja se on saavutettava porvariston tuotannon ehdoilla

Sie wird also durch Maßnahmen erreicht, die wirtschaftlich unzureichend und unhaltbar erscheinen

Se saavutetaan siis toimenpiteillä, jotka vaikuttavat taloudellisesti riittämättömiltä ja kestämättömiltä

aber diese Mittel überflügeln sich im Laufe der Bewegung selbst

Mutta nämä keinot ylittävät liikkeen aikana itsensä

sie erfordern weitere Eingriffe in die alte Gesellschaftsordnung

Ne vaativat lisää tunkeutumista vanhaan yhteiskuntajärjestykseen

und sie sind unvermeidlich, um die Produktionsweise völlig zu revolutionieren

ja ne ovat väistämättömiä keinona mullistaa täysin tuotantotapa

Diese Maßnahmen werden natürlich in den verschiedenen Ländern unterschiedlich sein

Nämä toimenpiteet ovat tietenkin erilaisia eri maissa

Nichtsdestotrotz wird in den am weitesten fortgeschrittenen Ländern das Folgende ziemlich allgemein anwendbar sein

Edistyneimmissä maissa seuraavat ovat kuitenkin melko yleisesti sovellettavissa

1. Abschaffung des Grundeigentums und Verwendung aller Grundrenten für öffentliche Zwecke.

1. Maaomaisuuden lakkauttaminen ja kaikkien maanvuokrien soveltaminen julkisiin tarkoituksiin.

2. Eine hohe progressive oder abgestufte Einkommensteuer.

2. Raskas progressiivinen tai asteittainen tulovero.

3. Abschaffung jeglichen Erbrechts.

3. Kaikkien perintöoikeuksien poistaminen.

4. Konfiskation des Eigentums aller Emigranten und Rebellen.

4. Kaikkien siirtolaisten ja kapinallisten omaisuuden takavarikointi.

5. Zentralisierung des Kredits in den Händen des Staates durch eine Nationalbank mit staatlichem Kapital und ausschließlichem Monopol.

5. Luottojen keskittäminen valtiolle sellaisen kansallisen pankin kautta, jolla on valtion pääomaa ja yksinomainen monopoli.

6. Zentralisierung der Kommunikations- und Transportmittel in den Händen des Staates.

6. Viestintä- ja kuljetusvälineiden keskittäminen valtion käsiin.

7. Ausbau der Fabriken und Produktionsmittel im Eigentum des Staates

7. Valtion omistamien tehtaiden ja tuotantovälineiden laajentaminen

die Kultivierung von Ödland und die Verbesserung des Bodens überhaupt nach einem gemeinsamen Plan.

joutomaiden viljelyyn ottaminen ja maaperän parantaminen yleensä yhteisen suunnitelman mukaisesti.

8. Gleiche Haftung aller für die Arbeit

8. Kaikkien yhtäläinen vastuu työstä

Aufbau von Industriearmeen, vor allem für die Landwirtschaft.

Teollisuusarmeijoiden perustaminen, erityisesti maataloutta varten.

9. Kombination der Landwirtschaft mit dem verarbeitenden Gewerbe

9. Maatalouden ja tehdasteollisuuden yhdistäminen

allmähliche Aufhebung der Unterscheidung zwischen Stadt und Land durch eine gleichmäßigere Verteilung der Bevölkerung über das Land.

kaupungin ja maaseudun välisen eron asteittainen poistaminen jakamalla väestö tasaisemmin koko maassa.

10. Kostenlose Bildung für alle Kinder in öffentlichen Schulen.

10. Ilmainen koulutus kaikille lapsille julkisissa kouluissa.

Abschaffung der Kinderfabrikarbeit in ihrer jetzigen Form

Lasten tehdastyön lakkauttaminen nykyisessä muodossaan

Kombination von Bildung und industrieller Produktion

Koulutuksen ja teollisuustuotannon yhdistäminen

Wenn im Laufe der Entwicklung die Klassenunterschiede verschwunden sind

Kun luokkaerot ovat kehityksen kuluessa kadonneet

und wenn die ganze Produktion in den Händen einer ungeheuren Assoziation der ganzen Nation konzentriert ist

ja kun kaikki tuotanto on keskitetty koko kansakunnan laajan yhteenliittymän käsiin

dann verliert die Staatsgewalt ihren politischen Charakter
Silloin julkinen valta menettää poliittisen luonteensa
Politische Macht, eigentlich so genannt, ist nichts anderes
als die organisierte Macht einer Klasse, um eine andere zu
unterdrücken
Poliittinen valta, oikein niin kutsuttuna, on vain yhden luokan
järjestäytynyttä valtaa toisen sortamiseksi
Wenn das Proletariat in seinem Kampf mit der Bourgeoisie
durch die Gewalt der Umstände gezwungen ist, sich als
Klasse zu organisieren
Jos proletariaatti porvariston kanssa käymässään taistelussa
joutuu olosuhteiden pakosta järjestäytymään luokaksi
wenn sie sich durch eine Revolution zur herrschenden
Klasse macht
jos se vallankumouksen avulla tekee itsestään hallitsevan
luokan
und als solche fegt sie mit Gewalt die alten
Produktionsbedingungen hinweg
ja sellaisena se pyyhkäisee väkisin pois vanhat tuotantoehdot
dann wird sie mit diesen Bedingungen auch die
Bedingungen für die Existenz der Klassengegensätze und
der Klassen überhaupt hinweggefegt haben
Silloin se yhdessä näiden ehtojen kanssa on pyyhkäissyt pois
luokkavastakohtien ja yleensä luokkien olemassaolon
edellytykset
und wird damit seine eigene Vorherrschaft als Klasse
aufgehoben haben.
ja on siten poistanut oman ylivaltansa luokkana.
An die Stelle der alten Bourgeoisie Gesellschaft mit ihren
Klassen und Klassengegensätzen treten eine Assoziation
Vanhan porvarisyhteiskunnan luokkaineen ja
luokkavastakohtaisuuksineen sijasta meillä tulee olemaan
yhdistys
eine Assoziation, in der die freie Entwicklung eines jeden
die Bedingung für die freie Entwicklung aller ist

yhdistys, jossa jokaisen vapaa kehitys on kaikkien vapaan
kehityksen edellytys

1) Reaktionärer Sozialismus
1) Taantumuksellinen sosialismi

a) Feudaler Sozialismus
a) Feodaalinen sosialismi

die Aristokratien Frankreichs und Englands hatten eine
einzigartige historische Stellung
Ranskan ja Englannin aristokratioilla oli ainutlaatuinen
historiallinen asema
es wurde zu ihrer Berufung, Pamphlete gegen die moderne
Boureoisie Gesellschaft zu schreiben
Heidän kutsumuksekseen tuli kirjoittaa pamfletteja modernia
porvarisyhteiskuntaa vastaan
In der französischen Revolution vom Juli 1830 und in der
englischen Reformagitation
Ranskan vallankumouksessa heinäkuussa 1830 ja Englannin
uudistusagitaatiossa
Diese Aristokratien erlagen wieder dem hasserfüllten
Emporkömmling
Nämä aristokratiat antautuivat jälleen vihamieliselle nousulle
An eine ernsthafte politische Auseinandersetzung war
fortan nicht mehr zu denken
Siitä lähtien vakava poliittinen kilpailu ei tullut
kysymykseenkään
Alles, was möglich blieb, war eine literarische Schlacht,
keine wirkliche Schlacht
Ainoa, mikä jäi mahdolliseksi, oli kirjallinen taistelu, ei
varsinainen taistelu
Aber auch auf dem Gebiet der Literatur waren die alten
Schreie der Restaurationszeit unmöglich geworden
Mutta jopa kirjallisuuden alalla restaurointiajan vanhat
huudot olivat käyneet mahdottomiksi
Um Sympathie zu erregen, mußte die Aristokratie offenbar
ihre eigenen Interessen aus den Augen verlieren

Myötätunnon herättämiseksi aristokratian oli pakko unohtaa ilmeisesti omat etunsa

und sie waren gezwungen, ihre Anklage gegen die Bourgeoisie im Interesse der ausgebeuteten Arbeiterklasse zu formulieren

ja heidän oli pakko muotoilla syytteensä porvaristoa vastaan riistetyn työväenluokan edun nimissä

So rächte sich die Aristokratie, indem sie ihren neuen Herrn verspottete

Niinpä aristokratia kosti laulamalla lamppuja uudelle mestarilleen

Und sie rächten sich, indem sie ihm unheimliche Prophezeiungen über die kommende Katastrophe ins Ohr flüsterten

ja he kostautuivat kuiskaamalla hänen korviinsa synkkiä profetioita tulevasta katastrofista

So entstand der feudale Sozialismus: halb Klage, halb Spott

Tällä tavoin syntyi feodaalinen sosialismi: puoliksi valitusta, puoliksi halveksimista

Es klang halb wie ein Echo der Vergangenheit und projizierte halb die Bedrohung der Zukunft

Se soi puoliksi kaikuna menneisyydestä ja projisoi puoliksi tulevaisuuden uhkaa

zuweilen traf sie durch ihre bittere, geistreiche und scharfe Kritik die Bourgeoisie bis ins Mark

katkeralla, nokkelalla ja terävällä kritiikillään se iski toisinaan porvaristoon sydäntä myöten

aber es war immer lächerlich in seiner Wirkung, weil es völlig unfähig war, den Gang der neueren Geschichte zu begreifen

Mutta sen vaikutus oli aina naurettava, koska se oli täysin kykenemätön ymmärtämään modernin historian kulkua

Die Aristokratie schwenkte, um das Volk um sich zu scharen, den proletarischen Almosensack als Banner

Aristokratia, saadakseen ihmiset heidän luokseen, heilutti proletaarista almupussia edessä banneria varten

Aber das Volk, so oft es sich zu ihnen gesellte, sah auf
seinem Hinterteil die alten Feudalwappen
Mutta kansa, niin usein kuin se liittyi heihin, näki
takaneljänneksissään vanhat feodaaliset vaakunat
Und sie verließen mit lautem und respektlosem Gelächter
ja he poistuivat paikalta äänekkäällä ja epäkunnioittavalla
naurulla
Ein Teil der französischen Legitimisten und des "jungen
Englands" zeigte dieses Schauspiel
Yksi osa ranskalaisista legitimisteistä ja "nuoresta Englannista"
esitteli tämän spektaakkelin
die Feudalisten wiesen darauf hin, dass ihre
Ausbeutungsweise eine andere sei als die der Bourgeoisie
feodalistit huomauttivat, että heidän riistotapansa oli erilainen
kuin porvariston
Die Feudalisten vergessen, dass sie unter ganz anderen
Umständen und Bedingungen ausgebeutet haben
Feodalistit unohtavat, että he käyttivät hyväkseen aivan
toisenlaisissa olosuhteissa ja olosuhteissa
Und sie haben nicht bemerkt, dass solche Methoden der
Ausbeutung heute veraltet sind
Ja he eivät huomanneet, että tällaiset
hyväksikäyttömenetelmät ovat nyt vanhentuneita
Sie zeigten, dass unter ihrer Herrschaft das moderne
Proletariat nie existiert hat
He osoittivat, että heidän hallintonsa aikana modernia
proletariaattia ei koskaan ollut olemassa
aber sie vergessen, daß die moderne Bourgeoisie der
notwendige Sprößling ihrer eigenen Gesellschaftsform ist
mutta he unohtavat, että nykyaikainen porvaristo on heidän
oman yhteiskuntamuotonsa välttämätön jälkeläinen
Im übrigen verbergen sie kaum den reaktionären Charakter
ihrer Kritik
Muilta osin he tuskin peittelevät kritiikkinsä taantumuksellista
luonnetta

ihre Hauptanklage gegen die Bourgeoisie läuft auf
folgendes hinaus
heidän pääsyytöksensä porvaristoa vastaan on seuraava:
unter dem Boureoisie Regime entwickelt sich eine soziale
Klasse
Porvariston hallinnon aikana kehitetään yhteiskuntaluokkaa
Diese soziale Klasse ist dazu bestimmt, die alte
Gesellschaftsordnung an der Wurzel zu zerschneiden
Tämän yhteiskuntaluokan kohtalona on katkaista ja haaroittaa
vanha yhteiskuntajärjestys
Womit sie die Bourgeoisie aufpeppen, ist nicht so sehr, dass
sie ein Proletariat schafft
Se, millä he kasvattavat porvaristoa, ei ole niinkään se, että se
luo proletariaatin
womit sie die Bourgeoisie aufpeppen, ist mehr, dass sie ein
revolutionäres Proletariat schafft
se, millä he kasvattavat porvaristoa, on enemmänkin se, että se
luo vallankumouksellisen proletariaatin
In der politischen Praxis beteiligen sie sich daher an allen
Zwangsmaßnahmen gegen die Arbeiterklasse
Poliittisessa käytännössä he siis osallistuvat kaikkiin
työväenluokan vastaisiin pakkokeinoihin
Und im gewöhnlichen Leben bücken sie sich, trotz ihrer
hochtrabenden Phrasen, um die goldenen Äpfel
aufzuheben, die vom Baum der Industrie fallen gelassen
wurden
Ja tavallisessa elämässä, huolimatta korkeatasoisista
lauseistaan, he kumartuvat poimimaan teollisuuden puusta
pudonneet kultaiset omenat
Und sie tauschen Wahrheit, Liebe und Ehre gegen den
Handel mit Wolle, Rote-Bete-Zucker und Kartoffelbränden
ja he vaihtavat totuutta, rakkautta ja kunniaa villan,
punajuurisokerin ja perunan väkevien alkoholijuomien
kauppaan

Wie der Pfarrer immer Hand in Hand mit dem Gutsherrn gegangen ist, so ist es der klerikale Sozialismus mit dem feudalen Sozialismus getan

Niin kuin pappila on aina kulkenut käsi kädessä tilanherran kanssa, niin on pappissosialismi kulkenut käsi kädessä feodaalisen sosialismin kanssa

Nichts ist leichter, als der christlichen Askese einen sozialistischen Anstrich zu geben

Mikään ei ole helpompaa kuin antaa kristilliselle askeesille sosialistinen sävy

Hat nicht das Christentum gegen das Privateigentum, gegen die Ehe, gegen den Staat deklamiert?

Eikö kristinusko ole julistanut yksityisomaisuutta, avioliittoa ja valtiota vastaan?

Hat das Christentum nicht an die Stelle dieser Nächstenliebe und Armut getreten?

Eikö kristinusko ole saarnannut näiden sijasta, hyväntekeväisyydestä ja köyhyydestä?

Predigt das Christentum nicht den Zölibat und die Abtötung des Fleisches, das monastische Leben und die Mutter Kirche?

Eikö kristinusko saarnaa selibaatista ja lihan kuolettamisesta, luostarielämästä ja äitikirkosta?

Der christliche Sozialismus ist nur das Weihwasser, mit dem der Priester das Herzbrennen des Aristokraten weiht

Kristillinen sosialismi on vain pyhää vettä, jolla pappi pyhittää aristokraatin sydämen polttamisen

b) Kleinbürgerlicher Sozialismus
b) Pikkuporvarillinen sosialismi

**Die feudale Aristokratie war nicht die einzige Klasse, die
von der Bourgeoisie ruiniert wurde**
Feodaalinen aristokratia ei ollut ainoa luokka, jonka porvaristo
tuhosi
**sie war nicht die einzige Klasse, deren Existenzbedingungen
in der Atmosphäre der modernen Bourgeoisie Gesellschaft
schmachten und zugrunde gingen**
se ei ollut ainoa luokka, jonka olemassaolon ehdot peittyivät ja
tuhoutuivat nykyaikaisen porvariston yhteiskunnan
ilmapiirissä
**Die mittelalterliche Bürgerschaft und die kleinbäuerlichen
Eigentümer waren die Vorläufer des modernen Bourgeoisie**
Keskiaikaiset porvarit ja pientalonpoikaisomistajat olivat
modernin porvariston edeltäjiä
**In den Ländern, die industriell und kommerziell nur wenig
entwickelt sind, vegetieren diese beiden Klassen noch Seite
an Seite**
Niissä maissa, jotka ovat teollisesti ja kaupallisesti vain vähän
kehittyneitä, nämä kaksi luokkaa kasvavat edelleen
rinnakkain
**und in der Zwischenzeit erhebt sich die Bourgeoisie neben
ihnen: industriell, kommerziell und politisch**
ja sillä välin porvaristo nousee heidän viereensä: teollisesti,
kaupallisesti ja poliittisesti
**In den Ländern, in denen die moderne Zivilisation voll
entwickelt ist, hat sich eine neue Klasse des
Kleinbourgeoisie gebildet**
Maissa, joissa nykyaikainen sivilisaatio on täysin kehittynyt,
on muodostunut uusi pikkuporvariston luokka
**diese neue soziale Klasse schwankt zwischen Proletariat
und Bourgeoisie**
tämä uusi yhteiskuntaluokka vaihtelee proletariaatin ja
porvariston välillä

und sie erneuert sich ständig als ergänzender Teil der Bourgeoisie Gesellschaft

ja se uudistuu alati porvariston yhteiskunnan täydentävänä osana

Die einzelnen Glieder dieser Klasse aber werden fortwährend in das Proletariat hinabgeschleudert

Tämän luokan yksittäisiä jäseniä heitetään kuitenkin alituiseen proletariaattiin

sie werden vom Proletariat durch die Einwirkung der Konkurrenz aufgesaugt

Proletariaatti imee heidät itseensä kilpailun vaikutuksesta

In dem Maße, wie sich die moderne Industrie entwickelt, sehen sie sogar den Augenblick herannahen, in dem sie als eigenständiger Teil der modernen Gesellschaft völlig verschwinden wird

Nykyaikaisen teollisuuden kehittyessä he näkevät jopa lähestyvän hetken, jolloin he katoavat kokonaan itsenäisenä osana modernia yhteiskuntaa

Sie werden in der Manufaktur, in der Landwirtschaft und im Handel durch Aufseher, Gerichtsvollzieher und Krämer ersetzt werden

Ne korvataan teollisuudessa, maataloudessa ja kaupassa sivustakatsojilla, haastemiehillä ja kauppiailla

In Ländern wie Frankreich, wo die Bauern weit mehr als die Hälfte der Bevölkerung ausmachen

Ranskan kaltaisissa maissa, joissa talonpojat muodostavat paljon yli puolet väestöstä

es war natürlich, dass es Schriftsteller gab, die sich auf die Seite des Proletariats gegen die Bourgeoisie stellten

Oli luonnollista, että siellä oli kirjailijoita, jotka asettuivat proletariaatin puolelle porvaristoa vastaan

in ihrer Kritik am Bourgeoisie Regime benutzten sie den Maßstab des Bauern- und Kleinbourgeoisie

arvostellessaan porvariston järjestelmää he käyttivät talonpoikais- ja pikkuporvariston mittapuuta

Und vom Standpunkt dieser Zwischenklassen aus ergreifen
sie die Keule für die Arbeiterklasse

Ja näiden väliluokkien näkökulmasta katsottuna he ottavat
kädenojennuksen työväenluokalle

So entstand der Kleinbourgeoisie Sozialismus, dessen
Haupt Sismondi nicht nur in Frankreich, sondern auch in
England war

Näin syntyi pikkuporvarissosialismi, jonka johtaja Sismondi
oli, ei vain Ranskassa vaan myös Englannissa

Diese Schule des Sozialismus sezierte mit großer Schärfe die
Widersprüche in den Bedingungen der modernen
Produktion

Tämä sosialismin koulukunta eritteli hyvin terävästi
nykyaikaisen tuotannon ehtojen ristiriidat

Diese Schule entlarvte die heuchlerischen
Entschuldigungen der Ökonomen

Tämä koulukunta paljasti taloustieteilijöiden tekopyhät
anteeksipyynnöt

Diese Schule bewies unwiderlegbar die verheerenden
Auswirkungen der Maschinerie und der Arbeitsteilung

Tämä koulukunta todisti kiistattomasti koneiden ja työnjaon
tuhoisat vaikutukset

Es bewies die Konzentration von Kapital und Grund und
Boden in wenigen Händen

Se osoitti pääoman ja maan keskittymisen muutamiin käsiin

sie bewies, wie Überproduktion zu Bourgeoisie-Krisen führt

se osoitti, kuinka ylituotanto johtaa porvariston kriiseihin

sie wies auf den unvermeidlichen Ruin des
Kleinbourgeoisie' und der Bauern hin

se osoitti pikkuporvariston ja talonpojan väistämättömän
tuhon

das Elend des Proletariats, die Anarchie in der Produktion,
die schreiende Ungleichheit in der Verteilung des
Reichtums

proletariaatin kurjuus, tuotannon anarkia, huutava epätasa-
arvo vaurauden jakautumisessa

Er zeigte, wie das Produktionssystem den industriellen Vernichtungskrieg zwischen den Nationen führt

Se osoitti, kuinka tuotantojärjestelmä johtaa kansakuntien välistä teollista tuhoamissotaa

die Auflösung der alten sittlichen Bande, der alten Familienverhältnisse, der alten Nationalitäten

vanhojen moraalisten siteiden, vanhojen perhesuhteiden, vanhojen kansallisuuksien hajoaminen

In ihren positiven Zielen strebt diese Form des Sozialismus jedoch eines von zwei Dingen an

Myönteisissä tavoitteissaan tämä sosialismin muoto pyrkii kuitenkin saavuttamaan jommankumman kahdesta asiasta

Entweder zielt sie darauf ab, die alten Produktions- und Tauschmittel wiederherzustellen

Joko sen tavoitteena on palauttaa vanhat tuotanto- ja vaihtovälineet

und mit den alten Produktionsmitteln würde sie die alten Eigentumsverhältnisse und die alte Gesellschaft wiederherstellen

ja vanhoilla tuotantovälineillä se palauttaisi vanhat omistussuhteet ja vanhan yhteiskunnan

oder sie zielt darauf ab, die modernen Produktions- und Austauschmittel in den alten Rahmen der Eigentumsverhältnisse zu zwängen

tai se pyrkii ahtamaan nykyaikaiset tuotanto- ja vaihtovälineet omistussuhteiden vanhaan kehykseen

In beiden Fällen ist es sowohl reaktionär als auch utopisch

Kummassakin tapauksessa se on sekä taantumuksellinen että utopistinen

Seine letzten Worte lauten: Korporativzünfte für die Manufaktur, patriarchalische Verhältnisse in der Landwirtschaft

Sen viimeiset sanat ovat: yrityskillat valmistukseen, patriarkaaliset suhteet maataloudessa

Schließlich, als hartnäckige historische Tatsachen alle berauschenden Wirkungen der Selbsttäuschung zerstreut hatten,

Lopulta, kun itsepäiset historialliset tosiasiat olivat hajottaneet kaikki itsepetoksen huumaavat vaikutukset

diese Form des Sozialismus endete in einem elenden Anfall von Mitleid

tämä sosialismin muoto päättyi surkeaan sääliin

c) Deutscher oder "wahrer" Sozialismus
c) Saksalainen eli "todellinen" sosialismi

Die sozialistische und kommunistische Literatur Frankreichs entstand unter dem Druck einer herrschenden Bourgeoisie
Ranskan sosialistinen ja kommunistinen kirjallisuus syntyi vallassa olevan porvariston painostuksesta
Und diese Literatur war der Ausdruck des Kampfes gegen diese Macht
Ja tämä kirjallisuus oli ilmaus taistelusta tätä valtaa vastaan
sie wurde in Deutschland zu einer Zeit eingeführt, als die Bourgeoisie gerade ihren Kampf mit dem feudalen Absolutismus begonnen hatte
se tuotiin Saksaan aikana, jolloin porvaristo oli juuri aloittanut taistelunsa feodaalisen absolutismin kanssa
Deutsche Philosophen, Möchtegern-Philosophen und Beaux Esprits griffen begierig zu dieser Literatur
Saksalaiset filosofit, mahdolliset filosofit ja beaux espritit tarttuivat innokkaasti tähän kirjallisuuteen
aber sie vergaßen, daß die Schriften aus Frankreich nach Deutschland einwanderten, ohne die französischen Gesellschaftsverhältnisse mitzubringen
mutta he unohtivat, että kirjoitukset muuttivat Ranskasta Saksaan tuomatta mukanaan Ranskan yhteiskunnallisia oloja
Im Kontakt mit den deutschen gesellschaftlichen Verhältnissen verlor diese französische Literatur ihre unmittelbare praktische Bedeutung
Saksan yhteiskunnallisten olojen yhteydessä tämä ranskalainen kirjallisuus menetti kaiken välittömän käytännön merkityksensä
und die kommunistische Literatur Frankreichs nahm in deutschen akademischen Kreisen einen rein literarischen Aspekt an
ja Ranskan kommunistinen kirjallisuus sai puhtaasti kirjallisen näkökulman Saksan akateemisissa piireissä

So waren die Forderungen der ersten Französischen Revolution nichts anderes als die Forderungen der "praktischen Vernunft"

Näin ollen Ranskan ensimmäisen vallankumouksen vaatimukset eivät olleet mitään muuta kuin »käytännöllisen järjen» vaatimuksia

und die Willensäußerung der revolutionären französischen Bourgeoisie bedeutete in ihren Augen das Gesetz des reinen Willens

ja Ranskan vallankumouksellisen porvariston tahdon julkilausunta merkitsi heidän silmissään puhtaan tahdon lakia

es bedeutete den Willen, wie er sein mußte; des wahren menschlichen Willens überhaupt

se merkitsi tahtoa sellaisena kuin sen oli pakko olla; todellisesta ihmisen tahdosta yleensä

Die Welt der deutschen Literaten bestand einzig und allein darin, die neuen französischen Ideen mit ihrem alten philosophischen Gewissen in Einklang zu bringen

Saksalaisen kirjallisuuden maailma koostui yksinomaan uusien ranskalaisten ideoiden saattamisesta sopusointuun muinaisen filosofisen omantuntonsa kanssa

oder vielmehr, sie annektierten die französischen Ideen, ohne ihren eigenen philosophischen Standpunkt aufzugeben

tai pikemminkin he liittivät ranskalaiset ajatukset hylkäämättä omaa filosofista näkökulmaansa

Diese Annexion vollzog sich auf die gleiche Weise, wie man sich eine Fremdsprache aneignet, nämlich durch Übersetzung

Tämä liittäminen tapahtui samalla tavalla kuin vieras kieli omistetaan, nimittäin kääntämällä

Es ist bekannt, wie die Mönche alberne Leben katholischer Heiliger über Manuskripte schrieben

On tunnettua, kuinka munkit kirjoittivat katolisten pyhien typerää elämää käsikirjoitusten päälle

die Manuskripte, auf denen die klassischen Werke des
antiken Heidentums geschrieben waren
käsikirjoitukset, joihin muinaisen pakanuuden klassiset
teokset oli kirjoitettu
Die deutschen Literaten kehrten diesen Prozess mit der
profanen französischen Literatur um
Saksalainen kirjallisuus käänsi tämän prosessin
päinvastaiseksi rienaavalla ranskalaisella kirjallisuudella
Sie schrieben ihren philosophischen Unsinn unter das
französische Original
He kirjoittivat filosofisen hölynpölynsä ranskalaisen
alkuperäiskappaleen alle
Zum Beispiel schrieben sie unter der französischen Kritik an
den ökonomischen Funktionen des Geldes "Entfremdung
der Menschheit"
Esimerkiksi ranskalaisen kritiikin rahan taloudellisista
funktioista alle he kirjoittivat "Ihmiskunnan vieraantuminen"
unter die französische Kritik am Bourgeoisie Staat schrieben
sie "Entthronung der Kategorie des Generals"
Ranskan porvarisvaltioon kohdistaman kritiikin alle he
kirjoittivat "kenraalin kategorian valtaistuimelta syökseminen"
Die Einführung dieser philosophischen Phrasen hinter der
französischen Geschichtskritik nannten sie:
Näiden filosofisten lauseiden esittely ranskalaisen
historiallisen kritiikin takana, jota he kutsuivat:
"Philosophie des Handelns", "Wahrer Sozialismus",
"Deutsche Sozialismuswissenschaft", "Philosophische
Grundlagen des Sozialismus" und so weiter
»Toimintafilosofia», »todellinen sosialismi», »saksalainen
sosialismin tiede», »sosialismin filosofinen perusta» jne.
Die französische sozialistische und kommunistische
Literatur wurde damit völlig entmannt
Ranskan sosialistinen ja kommunistinen kirjallisuus oli siten
täysin turmeltunut
in den Händen der deutschen Philosophen hörte sie auf, den
Kampf der einen Klasse mit der anderen auszudrücken

saksalaisten filosofien käsissä se lakkasi ilmaisemasta yhden
luokan taistelua toisen kanssa

**und so fühlten sich die deutschen Philosophen bewußt, die
"französische Einseitigkeit" überwunden zu haben**

ja niin saksalaiset filosofit tunsivat olevansa tietoisia siitä, että
he olivat voittaneet "ranskalaisen yksipuolisuuden"

**Sie musste keine wahren Forderungen repräsentieren,
sondern sie repräsentierte Forderungen der Wahrheit**

Sen ei tarvinnut edustaa todellisia vaatimuksia, pikemminkin
se edusti totuuden vaatimuksia

**es gab kein Interesse am Proletariat, sondern an der
menschlichen Natur**

proletariaatti ei ollut kiinnostunut, vaan ihmisluonto oli
kiinnostunut

**das Interesse galt dem Menschen überhaupt, der keiner
Klasse angehört und keine Wirklichkeit hat**

kiinnostus kohdistui ihmiseen yleensä, joka ei kuulu
mihinkään luokkaan ja jolla ei ole todellisuutta

**ein Mann, der nur im nebligen Reich der philosophischen
Fantasie existiert**

Mies, joka on olemassa vain filosofisen fantasian sumuisessa
valtakunnassa

**aber schließlich verlor auch dieser deutsche
Schulsozialismus seine pedantische Unschuld**

mutta lopulta tämä koulupoika saksalainen sosialismi menetti
myös pedanttisen viattomuutensa

**die deutsche Bourgeoisie und besonders die preußische
Bourgeoisie kämpfte gegen die feudale Aristokratie**

Saksan porvaristo ja erityisesti Preussin porvaristo taistelivat
feodaalista aristokratiaa vastaan

**auch die absolute Monarchie Deutschlands und Preußens
wurde bekämpft**

Saksan ja Preussin absoluuttista monarkiaa vastustettiin myös

**Und im Gegenzug wurde auch die Literatur der liberalen
Bewegung ernster**

Ja puolestaan liberaalin liikkeen kirjallisuus muuttui
vakavammaksi
**Deutschlands lang ersehnte Chance auf einen "wahren"
Sozialismus wurde geboten**
Saksan kauan toivoma mahdollisuus "todelliseen" sosialismiin
tarjottiin
**die Möglichkeit, die politische Bewegung mit den
sozialistischen Forderungen zu konfrontieren**
mahdollisuus kohdata poliittinen liike sosialististen
vaatimusten kanssa
**die Gelegenheit, die traditionellen Bannsprüche gegen den
Liberalismus zu schleudern**
mahdollisuus heittää perinteiset anateemat liberalismia
vastaan
**die Möglichkeit, die repräsentative Regierung und die
Bourgeoisie Konkurrenz anzugreifen**
mahdollisuus hyökätä edustuksellisen hallituksen ja
porvariston kilpailua vastaan
**Pressefreiheit der Bourgeoisie, Bourgeoisie Gesetzgebung,
Bourgeoisie Freiheit und Gleichheit**
Porvariston lehdistönvapaus, porvariston lainsäädäntö,
porvariston vapaus ja tasa-arvo
**All dies könnte nun in der realen Welt kritisiert werden,
anstatt in der Fantasie**
Kaikkia näitä voitaisiin nyt kritisoida todellisessa maailmassa
fantasian sijaan
**Feudalaristokratie und absolute Monarchie hatten den
Massen lange gepredigt**
Feodaalinen aristokratia ja absoluuttinen monarkia olivat
pitkään saarnanneet massoille
**"Der Arbeiter hat nichts zu verlieren und er hat alles zu
gewinnen"**
"Työläisellä ei ole mitään menetettävää, ja hänellä on kaikki
voitettavanaan."
**auch die Bourgeoisie bewegung bot eine Chance, sich mit
diesen Plattitüden auseinanderzusetzen**

Porvarisliike tarjosi myös mahdollisuuden kohdata nämä
latteudet
die französische Kritik setzte die Existenz der modernen
Bourgeoisie Gesellschaft voraus
Ranskan kritiikki edellytti modernin porvariston
yhteiskunnan olemassaoloa
Bourgeoisie, ökonomische Existenzbedingungen und
Bourgeoisie politische Verfassung
Porvariston taloudelliset olemassaoloehdot ja porvariston
poliittinen perustuslaki
gerade die Dinge, deren Errungenschaft Gegenstand des in
Deutschland anstehenden Kampfes war
juuri ne asiat, joiden saavuttaminen oli Saksassa vireillä
olevan taistelun kohteena
Deutschlands albernes Echo des Sozialismus hat diese Ziele
gerade noch rechtzeitig aufgegeben
Saksan typerä sosialismin kaiku hylkäsi nämä tavoitteet aivan
viime hetkellä
Die absoluten Regierungen hatten ihre Gefolgschaft aus
Pfarrern, Professoren, Landjunkern und Beamten
Absoluuttisilla hallituksilla oli seuraajiaan pappeja,
professoreita, maaorjia ja virkamiehiä
die damalige Regierung begegnete den deutschen
Arbeiteraufständen mit Auspeitschungen und Kugeln
Silloinen hallitus kohtasi Saksan työväenluokan kapinat
ruoskimisin ja luodein
ihnen diente dieser Sozialismus als willkommene
Vogelscheuche gegen die drohende Bourgeoisie
heille tämä sosialismi toimi tervetulleena variksenpelättimenä
uhkaavaa porvaristoa vastaan
und die deutsche Regierung konnte nach den bitteren
Pillen, die sie austeilte, ein süßes Dessert anbieten
ja Saksan hallitus pystyi tarjoamaan makean jälkiruoan
jakamiensa katkerien pillereiden jälkeen
dieser "wahre" Sozialismus diente also den Regierungen als
Waffe im Kampf gegen die deutsche Bourgeoisie

Tämä »todellinen» sosialismi palveli siten hallituksia aseena
taistelussa Saksan porvaristoa vastaan
**und gleichzeitig repräsentierte sie direkt ein reaktionäres
Interesse; die der deutschen Philister**
ja samalla se edusti suoraan taantumuksellista etua;
saksalaisten filistealaisten
**In Deutschland ist das Kleinbourgeoisie die wirkliche
gesellschaftliche Grundlage des bestehenden Zustandes**
Saksassa pikkuporvaristo on vallitsevan asiaintilan todellinen
yhteiskunnallinen perusta
**Ein Relikt des sechzehnten Jahrhunderts, das immer wieder
in verschiedenen Formen auftaucht**
kuudennentoista vuosisadan muistomerkki, joka on jatkuvasti
kasvanut eri muodoissa
**Diese Klasse zu bewahren bedeutet, den bestehenden
Zustand in Deutschland zu bewahren**
Tämän luokan säilyttäminen on säilyttää Saksan nykyinen
tilanne
**Die industrielle und politische Vorherrschaft der
Bourgeoisie bedroht das KleinBourgeoisie mit der sicheren
Vernichtung**
Porvariston teollinen ja poliittinen ylivalta uhkaa
pikkuporvaristoa varmalla tuholla
**auf der einen Seite droht sie das Kleinbourgeoisiedurch die
Konzentration des Kapitals zu vernichten**
toisaalta se uhkaa tuhota pikkuporvariston keskittämällä
pääomaa
**auf der anderen Seite droht die Bourgeoisie, sie durch den
Aufstieg eines revolutionären Proletariats zu zerstören**
toisaalta porvaristo uhkaa tuhota sen vallankumouksellisen
proletariaatin nousun kautta
**Der "wahre" Sozialismus schien diese beiden Fliegen mit
einer Klappe zu schlagen. Es breitete sich wie eine Epidemie
aus**
"Todellinen" sosialismi näytti tappavan nämä kaksi kärpästä
yhdellä iskulla. Se levisi kuin epidemia

Das Gewand spekulativer Spinnweben, bestickt mit Blumen der Rhetorik, durchtränkt vom Tau kränklicher Gefühle
Spekulatiivisten hämähäkinseittien viitta, kirjailtu retoriikan kukilla, täynnä sairaiden tunteiden kastetta
dieses transzendentale Gewand, in das die deutschen Sozialisten ihre traurigen "ewigen Wahrheiten" hüllten
tämä transsendenttinen viitta, johon saksalaiset sosialistit käärivät surkeat »ikuiset totuutensa»
alle Haut und Knochen, dienten dazu, den Absatz ihrer Waren bei einem solchen Publikum wunderbar zu vermehren.
kaikki nahka ja luu, palveli ihmeellisesti lisäämään heidän tavaroidensa myyntiä tällaisen yleisön keskuudessa
Und der deutsche Sozialismus seinerseits erkannte mehr und mehr seine eigene Berufung
Ja omalta osaltaan saksalainen sosialismi tunnusti yhä enemmän oman kutsumuksensa
sie war berufen, die bombastische Vertreterin des Kleinbourgeoisie Philisters zu sein
se kutsuttiin pikkuporvariston filistealaisen mahtipontiseksi edustajaksi
Sie proklamierte die deutsche Nation als Musternation und den deutschen Kleinphilister als Mustermann
Se julisti Saksan kansan mallikansaksi ja saksalaisen pikkufilistealaisen mallimieheksi
Jeder schurkischen Gemeinheit dieses Mustermenschen gab sie eine verborgene, höhere, sozialistische Deutung
Tämän mallimiehen jokaiselle ilkeälle ilkeydelle se antoi piilotetun, korkeamman, sosialistisen tulkinnan
diese höhere, sozialistische Deutung war das genaue Gegenteil ihres wirklichen Charakters
tämä korkeampi, sosialistinen tulkinta oli täysin päinvastainen kuin sen todellinen luonne
Sie ging so weit, sich der "brutal destruktiven" Tendenz des Kommunismus direkt entgegenzustellen

Se meni äärimmäisyyksiin vastustaakseen suoraan
kommunismin "brutaalin tuhoisaa" suuntausta
und sie proklamierte ihre höchste und unparteiische
Verachtung aller Klassenkämpfe
ja se julisti mitä korkeinta ja puolueetonta halveksuntaa
kaikkia luokkataisteluja kohtaan
Mit sehr wenigen Ausnahmen gehören alle sogenannten
sozialistischen und kommunistischen Publikationen, die
jetzt (1847) in Deutschland zirkulieren, in den Bereich dieser
üblen und entnervenden Literatur
Hyvin harvoja poikkeuksia lukuun ottamatta kaikki niin
sanotut sosialistiset ja kommunistiset julkaisut, jotka nyt
(1847) kiertävät Saksassa, kuuluvat tämän likaisen ja
hermostuttavan kirjallisuuden alaan

2) Konservativer Sozialismus oder bürgerlicher Sozialismus
2) Konservatiivinen sosialismi tai porvariston sosialismi

Ein Teil der Bourgeoisie will soziale Missstände beseitigen
Osa porvaristosta haluaa korjata yhteiskunnalliset epäkohdat
um den Fortbestand der Bourgeoisie Gesellschaft zu sichern
porvariston yhteiskunnan jatkuvan olemassaolon
turvaamiseksi
**Zu dieser Sektion gehören Ökonomen, Philanthropen,
Menschenfreunde**
Tähän osaan kuuluvat taloustieteilijät, hyväntekijät,
humanitaariset
**Verbesserer der Lage der Arbeiterklasse und Organisatoren
der Wohltätigkeit**
työväenluokan aseman parantajat ja hyväntekeväisyyden
järjestäjät
**Mitglieder von Gesellschaften zur Verhütung von
Tierquälerei**
eläimiin kohdistuvan julmuuden ehkäisemistä käsittelevien
yhdistysten jäsenet
**Mäßigkeitsfanatiker, Loch-und-Ecken-Reformer aller
erdenklichen Art**
Raittiusfanaatikkoja, kaikenlaisia reikä- ja kulmauudistajia
**Diese Form des Sozialismus ist überdies zu vollständigen
Systemen ausgearbeitet worden**
Tämä sosialismin muoto on sitä paitsi kehitetty täydellisiksi
järjestelmiksi
**Als Beispiel für diese Form sei Proudhons "Philosophie de
la Misère" angeführt**
Voimme mainita Proudhonin teoksen "Philosophie de la
Misère" esimerkkinä tästä muodosta
**Die sozialistische Bourgeoisie will alle Vorteile der
modernen gesellschaftlichen Verhältnisse**
Eserrinen porvaristo haluaa kaikki nykyaikaisten
yhteiskunnallisten olojen edut

aber die sozialistische Bourgeoisie will nicht unbedingt die
daraus resultierenden Kämpfe und Gefahren
mutta sosialistinen porvaristo ei välttämättä halua siitä
johtuvia taisteluja ja vaaroja
Sie wollen den bestehenden Zustand der Gesellschaft,
abzüglich ihrer revolutionären und zerfallenden Elemente
He haluavat olemassa olevan yhteiskunnan tilan, josta on
vähennetty sen vallankumoukselliset ja hajoavat elementit
mit anderen Worten, sie wünschen sich eine Bourgeoisie
ohne Proletariat
toisin sanoen he toivovat porvaristoa ilman proletariaattia
Die Bourgeoisie begreift natürlich die Welt, in der sie die
höchste ist, die Beste zu sein
Porvaristo käsittää luonnollisesti maailman, jossa se on
korkein ollakseen paras
und der Bourgeoisie Sozialismus entwickelt diese bequeme
Auffassung zu verschiedenen mehr oder weniger
vollständigen Systemen
ja porvaristo sosialismi kehittää tämän mukavan käsityksen
erilaisiksi enemmän tai vähemmän täydellisiksi järjestelmiksi
sie wünschen sich sehr, dass das Proletariat geradewegs in
das soziale Neue Jerusalem marschiert
he haluaisivat kovasti proletariaatin marssivan suoraan
sosiaaliseen Uuteen Jerusalemiin
Aber in Wirklichkeit verlangt sie, dass das Proletariat
innerhalb der Grenzen der bestehenden Gesellschaft bleibt
Mutta todellisuudessa se vaatii proletariaattia pysymään
olemassa olevan yhteiskunnan rajoissa
sie fordern das Proletariat auf, alle seine hasserfüllten Ideen
über die Bourgeoisie abzulegen
he pyytävät proletariaattia hylkäämään kaikki porvaristoa
koskevat vihamieliset ajatuksensa
es gibt eine zweite, praktischere, aber weniger systematische
Form dieses Sozialismus
tästä sosialismista on toinen, käytännöllisempi, mutta
vähemmän järjestelmällinen muoto

Diese Form des Sozialismus versuchte, jede revolutionäre
Bewegung in den Augen der Arbeiterklasse abzuwerten
Tämä sosialismin muoto pyrki alentamaan jokaisen
vallankumouksellisen liikkeen työväenluokan silmissä
Sie argumentieren, dass keine bloße politische Reform für
sie von Vorteil sein könnte
He väittävät, ettei mikään pelkkä poliittinen uudistus voisi
hyödyttää heitä
nur eine Veränderung der materiellen Existenzbedingungen
in den wirtschaftlichen Beziehungen ist von Nutzen
Vain taloudellisten suhteiden aineellisten olemassaoloehtojen
muutoksesta on hyötyä
Wie der Kommunismus tritt auch diese Form des
Sozialismus für eine Veränderung der materiellen
Existenzbedingungen ein
Kuten kommunismi, tämä sosialismin muoto kannattaa
muutosta olemassaolon aineellisissa olosuhteissa
Diese Form des Sozialismus bedeutet jedoch keineswegs,
dass die Bourgeoisie Produktionsverhältnisse abgeschafft
werden
Tämä sosialismin muoto ei kuitenkaan missään tapauksessa
merkitse porvariston tuotantosuhteiden lakkauttamista
die Abschaffung der Bourgeoisie Produktionsverhältnisse
kann nur durch eine Revolution erreicht werden
porvariston tuotantosuhteiden lakkauttaminen voidaan
saavuttaa vain vallankumouksen avulla
Doch statt einer Revolution schlägt diese Form des
Sozialismus Verwaltungsreformen vor
Mutta vallankumouksen sijasta tämä sosialismin muoto
ehdottaa hallinnollisia uudistuksia
und diese Verwaltungsreformen würden auf dem
Fortbestand dieser Beziehungen beruhen
ja nämä hallinnolliset uudistukset perustuisivat näiden
suhteiden jatkumiseen
Reformen, die in keiner Weise die Beziehungen zwischen
Kapital und Arbeit berühren

uudistukset, jotka eivät millään tavoin vaikuta pääoman ja
työn välisiin suhteisiin
**im besten Fall verringern solche Reformen die Kosten und
vereinfachen die Verwaltungsarbeit der Bourgeoisie
Regierung**
parhaimmillaan tällaiset uudistukset vähentävät kustannuksia
ja yksinkertaistavat porvariston hallituksen hallinnollista työtä
**Der Bourgeoisie Sozialismus kommt dann und nur dann
adäquat zum Ausdruck, wenn er zur bloßen Redewendung
wird**
Porvarillinen sosialismi saavuttaa riittävän ilmaisun silloin ja
vain silloin, kun siitä tulee pelkkä kielikuva
Freihandel: zum Wohle der Arbeiterklasse
Vapaakauppa: työväenluokan hyväksi
Schutzpflichten: zum Wohle der Arbeiterklasse
Suojeluvelvollisuudet: työväenluokan hyväksi
Gefängnisreform: zum Wohle der Arbeiterklasse
Vankilauudistus: työväenluokan hyväksi
**Das ist das letzte Wort und das einzig ernst gemeinte Wort
des Bourgeoisie Sozialismus**
Tämä on porvarissosialismin viimeinen sana ja ainoa
vakavasti tarkoittava sana
**Sie ist in dem Satz zusammengefasst: Die Bourgeoisie ist
eine Bourgeoisie zum Wohle der Arbeiterklasse**
Se kiteytyy lauseeseen: porvaristo on porvaristo
työväenluokan hyväksi

3) Kritisch-utopischer Sozialismus und Kommunismus
3) Kriittis-utopistinen sosialismi ja kommunismi

Wir beziehen uns hier nicht auf jene Literatur, die den Forderungen des Proletariats immer eine Stimme gegeben hat
Emme viittaa tässä siihen kirjallisuuteen, joka on aina antanut äänen proletariaatin vaatimuksille

dies war in jeder großen modernen Revolution vorhanden, wie z. B. in den Schriften von Babeuf und anderen
Tämä on ollut läsnä jokaisessa suuressa modernissa vallankumouksessa, kuten Babeufin ja muiden kirjoituksissa

Die ersten unmittelbaren Versuche des Proletariats, seine eigenen Ziele zu erreichen, scheiterten notwendigerweise
Proletariaatin ensimmäiset suorat yritykset saavuttaa omat päämääränsä epäonnistuivat välttämättä

Diese Versuche wurden in Zeiten allgemeiner Aufregung unternommen, als die feudale Gesellschaft gestürzt wurde
Nämä yritykset tehtiin yleisen jännityksen aikoina, kun feodaalinen yhteiskunta kukistettiin

Der damals noch unterentwickelte Zustand des Proletariats führte zum Scheitern dieser Versuche
Proletariaatin silloinen kehittymätön tila johti näiden yritysten epäonnistumiseen

und sie scheiterten am Fehlen der wirtschaftlichen Voraussetzungen für ihre Emanzipation
Ja he epäonnistuivat, koska sen vapautumiselle ei ollut taloudellisia edellytyksiä

Bedingungen, die erst noch geschaffen werden mussten und die durch die bevorstehende Epoche der Bourgeoisie allein hervorgebracht werden konnten
olosuhteet, joita ei ollut vielä tuotettu ja jotka vain lähestyvä porvariston aikakausi voisi tuottaa

Die revolutionäre Literatur, die diese ersten Bewegungen des Proletariats begleitete, hatte notwendigerweise einen reaktionären Charakter

Vallankumouksellisella kirjallisuudella, joka seurasi näitä
proletariaatin ensimmäisiä liikkeitä, oli väistämättä
taantumuksellinen luonne
**Diese Literatur schärfte universelle Askese und soziale
Nivellierung in ihrer gröbsten Form ein**
Tämä kirjallisuus juurrutti universaalin askeesin ja sosiaalisen
tasapäistämisen karkeimmassa muodossaan
**Die sozialistischen und kommunistischen Systeme, die man
eigentlich so nennt, entstehen in der frühen unentwickelten
Periode**
Sosialistiset ja kommunistiset järjestelmät, varsinaisesti niin
kutsutut, syntyvät varhaisella kehittymättömällä kaudella
**Saint-Simon, Fourier, Owen und andere beschrieben den
Kampf zwischen Proletariat und Bourgeoisie (siehe
Abschnitt 1)**
Saint-Simon, Fourier, Owen ja muut kuvasivat proletariaatin
ja porvariston välistä taistelua (katso osa 1)
**Die Begründer dieser Systeme sehen in der Tat die
Klassengegensätze**
Näiden järjestelmien perustajat näkevät todellakin
luokkavastakohdat
**Sie sehen auch das Wirken der sich zersetzenden Elemente
in der herrschenden Gesellschaftsform**
He näkevät myös hajoavien elementtien toiminnan
vallitsevassa yhteiskuntamuodossa
**Aber das Proletariat, das noch in den Kinderschuhen steckt,
bietet ihnen das Schauspiel einer Klasse ohne jede
historische Initiative**
Mutta proletariaatti, joka on vielä lapsenkengissään, tarjoaa
heille luokan spektaakkelin ilman mitään historiallista
aloitetta
**Sie sehen das Schauspiel einer sozialen Klasse ohne
unabhängige politische Bewegung**
He näkevät spektaakkelin yhteiskuntaluokasta ilman
itsenäistä poliittista liikettä

Die Entwicklung des Klassengegensatzes hält mit der Entwicklung der Industrie Schritt

luokkavastakohtaisuuden kehittyminen pysyy tasaisena teollisuuden kehityksen kanssa

Die ökonomische Lage bietet ihnen also noch nicht die materiellen Bedingungen für die Befreiung des Proletariats

Niinpä taloudellinen tilanne ei vielä tarjoa heille aineellisia edellytyksiä proletariaatin vapautumiselle

Sie suchen also nach einer neuen Sozialwissenschaft, nach neuen sozialen Gesetzen, die diese Bedingungen schaffen sollen

Siksi he etsivät uutta yhteiskuntatietettä, uusia sosiaalisia lakeja, joiden on määrä luoda nämä olosuhteet

historisches Handeln besteht darin, sich ihrem persönlichen erfinderischen Handeln zu beugen

Historiallinen toiminta on taipumista heidän henkilökohtaiseen kekseliäisyyteensä

Historisch geschaffene Emanzipationsbedingungen sollen phantastischen Verhältnissen weichen

Historiallisesti luodut vapautumisen olosuhteet antavat periksi fantastisille olosuhteille

und die allmähliche, spontane Klassenorganisation des Proletariats soll der Organisation der Gesellschaft weichen

ja proletariaatin asteittainen, spontaani luokkaorganisaatio antaa periksi yhteiskunnan organisoinnille

die Organisation der Gesellschaft, die von diesen Erfindern eigens ersonnen wurde

näiden keksijöiden erityisesti keksimä yhteiskuntaorganisaatio

Die zukünftige Geschichte löst sich in ihren Augen in die Propaganda und die praktische Durchführung ihrer sozialen Pläne auf

Tulevaisuuden historia ratkeaa heidän silmissään heidän yhteiskunnallisten suunnitelmiensa propagandaan ja käytännön toteuttamiseen

Bei der Ausarbeitung ihrer Pläne sind sie sich bewußt, daß sie sich in erster Linie um die Interessen der Arbeiterklasse kümmern

Suunnitelmiaan laatiessaan he ovat tietoisia siitä, että he huolehtivat pääasiassa työväenluokan eduista

Nur unter dem Gesichtspunkt, die leidendste Klasse zu sein, existiert das Proletariat für sie

Proletariaatti on olemassa heitä varten vain siitä näkökulmasta, että se on kaikkein kärsivin luokka

Der unentwickelte Zustand des Klassenkampfes und ihre eigene Umgebung prägen ihre Meinungen

Luokkataistelun kehittymätön tila ja oma ympäristö kertovat heidän mielipiteistään

Sozialisten dieser Art halten sich allen Klassengegensätzen weit überlegen

Tällaiset sosialistit pitävät itseään paljon kaikkia luokkavastakohtia ylempänä

Sie wollen die Lage jedes Mitglieds der Gesellschaft verbessern, auch die der Begünstigten

He haluavat parantaa jokaisen yhteiskunnan jäsenen, myös kaikkein suosituimmuusasemassa olevien, oloja

Daher appellieren sie gewöhnlich an die Gesellschaft als Ganzes, ohne Unterschied der Klasse

Siksi heillä on tapana vedota koko yhteiskuntaan luokkaerottelusta riippumatta

Ja, sie appellieren an die Gesellschaft als Ganzes, indem sie die herrschende Klasse bevorzugen

Ei, he vetoavat koko yhteiskuntaan mieluummin kuin hallitsevaan luokkaan

Für sie ist alles, was es braucht, dass andere ihr System verstehen

Heille se vaatii vain, että muut ymmärtävät heidän järjestelmänsä

Denn wie können die Menschen nicht erkennen, dass der bestmögliche Plan für den bestmöglichen Zustand der Gesellschaft ist?

Sillä miten ihmiset voivat olla näkemättä, että paras mahdollinen suunnitelma on yhteiskunnan paras mahdollinen tila?

Daher lehnen sie jede politische und vor allem jede revolutionäre Aktion ab

Siksi he hylkäävät kaiken poliittisen ja erityisesti kaiken vallankumouksellisen toiminnan

Sie wollen ihre Ziele mit friedlichen Mitteln erreichen

he haluavat saavuttaa päämääränsä rauhanomaisin keinoin

Sie bemühen sich durch kleine Experimente, die notwendigerweise zum Scheitern verurteilt sind

He pyrkivät pienillä kokeiluilla, jotka ovat väistämättä tuomittuja epäonnistumaan

und durch die Kraft des Beispiels versuchen sie, den Weg für das neue soziale Evangelium zu ebnen

ja esimerkin voimalla he yrittävät tasoittaa tietä uudelle sosiaaliselle evankeliumille

Welch phantastische Bilder von der zukünftigen Gesellschaft, gemalt in einer Zeit, in der sich das Proletariat noch in einem sehr unterentwickelten Zustand befindet

Tällaisia fantastisia kuvia tulevasta yhteiskunnasta, maalattu aikana, jolloin proletariaatti on vielä hyvin kehittymättömässä tilassa

und sie hat immer noch nur eine phantastische Vorstellung von ihrer eigenen Stellung

ja sillä on edelleen vain mielikuvituksellinen käsitys omasta asemastaan

aber ihre ersten instinktiven Sehnsüchte entsprechen den Sehnsüchten des Proletariats

Mutta heidän ensimmäiset vaistomaiset kaipauksensa vastaavat proletariaatin kaipausta

Beide sehnen sich nach einem allgemeinen Umbau der Gesellschaft

Molemmat kaipaavat yhteiskunnan yleistä jälleenrakentamista

Aber diese sozialistischen und kommunistischen Veröffentlichungen enthalten auch ein kritisches Element

Mutta nämä sosialistiset ja kommunistiset julkaisut sisältävät
myös kriittisen elementin
Sie greifen jedes Prinzip der bestehenden Gesellschaft an
He hyökkäävät kaikkia olemassa olevan yhteiskunnan
periaatteita vastaan
Daher sind sie voll von den wertvollsten Materialien für die
Aufklärung der Arbeiterklasse
Siksi ne ovat täynnä arvokkainta materiaalia työväenluokan
valistamiseksi
Sie schlagen die Abschaffung der Unterscheidung zwischen
Stadt und Land und der Familie vor
He ehdottavat kaupungin ja maaseudun sekä perheen välisen
eron poistamista
die Abschaffung des Gewerbetreibens für Rechnung von
Privatpersonen
teollisuuden harjoittamisen lopettaminen yksityishenkilöiden
lukuun
und die Abschaffung des Lohnsystems und die
Proklamation des sozialen Friedens
ja palkkausjärjestelmän lakkauttaminen ja yhteiskunnallisen
sopusoinnun julistaminen
die Verwandlung der Funktionen des Staates in eine bloße
Aufsicht über die Produktion
valtion tehtävien muuttaminen pelkäksi tuotannon
valvonnaksi
Alle diese Vorschläge deuten einzig und allein auf das
Verschwinden der Klassengegensätze hin
Kaikki nämä ehdotukset viittaavat yksinomaan
luokkavastakohtien häviämiseen
Klassengegensätze waren damals gerade erst im Entstehen
begriffen
Luokkavastakohtaisuudet olivat tuolloin vasta ilmaantumassa
In diesen Veröffentlichungen werden diese
Klassengegensätze nur in ihren frühesten, undeutlichen und
unbestimmten Formen anerkannt

Näissä julkaisuissa nämä luokkavastakohdat tunnistetaan vain varhaisimmissa, epäselvissä ja määrittelemättömissä muodoissaan

Diese Vorschläge haben also rein utopischen Charakter

Nämä ehdotukset ovat siis luonteeltaan puhtaasti utopistisia

Die Bedeutung des kritisch-utopischen Sozialismus und des Kommunismus steht in einem umgekehrten Verhältnis zur historischen Entwicklung

Kriittis-utopistisen sosialismin ja kommunismin merkitys on käänteisessä suhteessa historialliseen kehitykseen

Der moderne Klassenkampf wird sich entwickeln und weiter konkrete Gestalt annehmen

Nykyaikainen luokkataistelu tulee kehittymään ja jatkamaan selvää muotoutumistaan

Dieses fantastische Ansehen des Wettbewerbs wird jeden praktischen Wert verlieren

Tämä fantastinen asema kilpailussa menettää kaiken käytännön arvon

Diese phantastischen Angriffe auf die Klassengegensätze verlieren jede theoretische Rechtfertigung

Nämä mielikuvitukselliset hyökkäykset luokkavastakohtaisuuksia vastaan menettävät kaiken teoreettisen oikeutuksen

Die Urheber dieser Systeme waren in vielerlei Hinsicht revolutionär

Näiden järjestelmien alullepanijat olivat monessa suhteessa vallankumouksellisia

Aber ihre Jünger haben in jedem Fall bloße reaktionäre Sekten gebildet

Mutta heidän opetuslapsensa ovat joka tapauksessa muodostaneet pelkkiä taantumuksellisia lahkoja

Sie halten an den ursprünglichen Ansichten ihrer Meister fest

He pitävät tiukasti kiinni mestareidensa alkuperäisistä näkemyksistä

Aber diese Anschauungen stehen im Gegensatz zur fortschreitenden geschichtlichen Entwicklung des Proletariats

Mutta nämä näkemykset ovat ristiriidassa proletariaatin asteittaisen historiallisen kehityksen kanssa

Sie bemühen sich daher, und zwar konsequent, den Klassenkampf abzustumpfen

Siksi he pyrkivät johdonmukaisesti tukahduttamaan luokkataistelun

Und sie bemühen sich konsequent, die Klassengegensätze zu versöhnen

ja he pyrkivät johdonmukaisesti sovittamaan yhteen luokkavastakohdat

Noch träumen sie von der experimentellen Umsetzung ihrer gesellschaftlichen Utopien

He haaveilevat yhä sosiaalisten utopioidensa kokeellisesta toteuttamisesta

sie träumen immer noch davon, isolierte "Phalanster" zu gründen und "Heimatkolonien" zu gründen

he haaveilevat edelleen eristettyjen "falansatereiden" perustamisesta ja "kotisiirtokuntien" perustamisesta

sie träumen davon, eine "Kleine Ikaria" zu errichten – Duodecimo-Ausgaben des Neuen Jerusalem

he haaveilevat perustavansa "Pikku Icaria" - Uuden Jerusalemin duodecimo-painokset

Und sie träumen davon, all diese Luftschlösser zu verwirklichen

Ja he unelmoivat toteuttavansa kaikki nämä linnat ilmassa

Sie sind gezwungen, an die Gefühle und den Geldbeutel der Bourgeoisie zu appellieren

Heidän on pakko vedota porvariston tunteisiin ja kukkaroihin

Nach und nach sinken sie in die Kategorie der oben dargestellten reaktionären konservativen Sozialisten

Vähitellen he vajoavat edellä kuvattujen taantumuksellisten konservatiivisosialistien luokkaan

sie unterscheiden sich von diesen nur durch systematischere
Pedanterie
Ne eroavat näistä vain järjestelmällisemmällä
pedanttisuudella
und sie unterscheiden sich durch ihren fanatischen und
abergläubischen Glauben an die Wunderwirkungen ihrer
Sozialwissenschaft
Ja he eroavat toisistaan fanaattisella ja taikauskoisella
uskomuksellaan yhteiskuntatieteensä ihmeellisiin
vaikutuksiin
Sie widersetzen sich daher gewaltsam jeder politischen
Aktion der Arbeiterklasse
Siksi he vastustavat väkivaltaisesti kaikkea työväenluokan
poliittista toimintaa
ein solches Handeln kann ihrer Meinung nach nur aus
blindem Unglauben an das neue Evangelium resultieren
Heidän mukaansa tällainen toiminta voi johtua vain sokeasta
epäuskosta uuteen evankeliumiin
Die Owenisten in England und die Fourieristen in
Frankreich stehen den Chartisten und den "Réformisten"
entgegen
Englannin oweniitit ja Ranskan fourieristit vastustavat
chartisteja ja "reformisteja"

Stellung der Kommunisten zu den verschiedenen bestehenden Oppositionsparteien

Kommunistien asema suhteessa olemassa oleviin eri oppositiopuolueisiin

Abschnitt II hat die Beziehungen der Kommunisten zu den bestehenden Arbeiterparteien deutlich gemacht
II jakso on tehnyt selväksi kommunistien suhteet olemassa oleviin työväenluokan puolueisiin
wie die Chartisten in England und die Agrarreformer in Amerika
kuten chartistit Englannissa ja maatalouden uudistajat Amerikassa
Die Kommunisten kämpfen für die Erreichung der unmittelbaren Ziele
Kommunistit taistelevat välittömien tavoitteiden saavuttamiseksi
Sie kämpfen für die Durchsetzung der momentanen Interessen der Arbeiterklasse
He taistelevat työväenluokan hetkellisten etujen toteuttamiseksi
Aber in der politischen Bewegung der Gegenwart repräsentieren und kümmern sie sich auch um die Zukunft dieser Bewegung
Mutta nykyhetken poliittisessa liikkeessä he myös edustavat ja huolehtivat tuon liikkeen tulevaisuudesta
In Frankreich verbünden sich die Kommunisten mit den Sozialdemokraten
Ranskassa kommunistit liittoutuvat sosialidemokraattien kanssa
und sie positionieren sich gegen die konservative und radikale Bourgeoisie
ja he asettuvat konservatiivista ja radikaalia porvaristoa vastaan

sie behalten sich jedoch das Recht vor, eine kritische Position gegenüber Phrasen und Illusionen einzunehmen, die traditionell aus der großen Revolution überliefert sind

He pidättävät kuitenkin itselleen oikeuden ottaa kriittisen kannan suuresta vallankumouksesta perinteisesti annettuihin lauseisiin ja illuusioihin

In der Schweiz unterstützt man die Radikalen, ohne dabei aus den Augen zu verlieren, dass diese Partei aus antagonistischen Elementen besteht

Sveitsissä he tukevat radikaaleja unohtamatta sitä, että tämä puolue koostuu antagonistisista aineksista

teils von demokratischen Sozialisten im französischen Sinne, teils von radikaler Bourgeoisie

osittain demokraattisia sosialisteja ranskalaisessa mielessä, osittain radikaalia porvaristoa

In Polen unterstützen sie die Partei, die auf einer Agrarrevolution als Hauptbedingung für die nationale Emanzipation beharrt

Puolassa he tukevat puoluetta, joka vaatii agraarivallankumousta kansallisen vapautumisen ensisijaiseksi edellytykseksi

jene Partei, die 1846 den Krakauer Aufstand angezettelt hatte

puolue, joka lietsoi Krakovan kapinaa vuonna 1846

In Deutschland kämpft man mit der Bourgeoisie, wenn sie revolutionär handelt

Saksassa he taistelevat porvariston kanssa aina, kun se toimii vallankumouksellisella tavalla

gegen die absolute Monarchie, das feudale Eichhörnchen und das Kleinbourgeoisie

absoluuttista monarkiaa, feodaalista oravaa ja pikkuporvaristoa vastaan

Aber sie hören nicht auf, der Arbeiterklasse auch nur einen Augenblick lang eine bestimmte Idee einzuflößen

Mutta he eivät koskaan lakkaa hetkeksikään juurruttamasta työväenluokkaan yhtä erityistä ajatusta

die klarste Erkenntnis des feindlichen Antagonismus zwischen Bourgeoisie und Proletariat

porvariston ja proletariaatin välisen vihamielisen vastakkainasettelun mahdollisimman selvä tunnustaminen

damit die deutschen Arbeiter sofort von den ihnen zur Verfügung stehenden Waffen Gebrauch machen können

jotta saksalaiset työläiset voisivat heti käyttää käytettävissään olevia aseita

die sozialen und politischen Bedingungen, die die Bourgeoisie mit ihrer Herrschaft notwendigerweise einführen muss

yhteiskunnalliset ja poliittiset olosuhteet, jotka porvariston on välttämättä otettava käyttöön ylivaltansa ohella

der Sturz der reaktionären Klassen in Deutschland ist unvermeidlich

taantumuksellisten luokkien kaatuminen Saksassa on väistämätöntä

und dann kann der Kampf gegen die Bourgeoisie selbst sofort beginnen

ja sitten taistelu itse porvaristoa vastaan voi heti alkaa

Die Kommunisten richten ihre Aufmerksamkeit hauptsächlich auf Deutschland, weil dieses Land am Vorabend einer Bourgeoisie Revolution steht

Kommunistit kääntävät huomionsa etupäässä Saksaan, koska se on porvariston vallankumouksen kynnyksellä

eine Revolution, die unter den fortgeschritteneren Bedingungen der europäischen Zivilisation durchgeführt werden muss

vallankumous, joka on pakko toteuttaa eurooppalaisen sivilisaation edistyneemmissä olosuhteissa

Und sie wird mit einem viel weiter entwickelten Proletariat durchgeführt werden

ja se on pakko toteuttaa paljon kehittyneemmän proletariaatin kanssa

ein Proletariat, das weiter fortgeschritten war als das Englands im 17. und Frankreichs im 18. Jahrhundert

proletariaatti, joka oli edistyneempi kuin Englannissa, oli
seitsemännellätoista vuosisadalla ja Ranskassa
kahdeksastoista-luvulla
**und weil die Bourgeoisie Revolution in Deutschland nur das
Vorspiel zu einer unmittelbar folgenden proletarischen
Revolution sein wird**
ja koska porvariston vallankumous Saksassa tulee olemaan
vain alkusoittoa välittömästi seuraavalle proletaariselle
vallankumoukselle
**Kurz gesagt, die Kommunisten unterstützen überall jede
revolutionäre Bewegung gegen die bestehende soziale und
politische Ordnung der Dinge**
Lyhyesti sanottuna, kommunistit kaikkialla tukevat jokaista
vallankumouksellista liikettä vallitsevaa yhteiskunnallista ja
poliittista järjestystä vastaan
**In all diesen Bewegungen rücken sie als Leitfrage die
Eigentumsfrage in den Vordergrund**
Kaikissa näissä liikkeissä he tuovat eteen, johtavana
kysymyksenä kussakin, omaisuuskysymyksen
**unabhängig davon, wie hoch der Entwicklungsstand in
diesem Land zu diesem Zeitpunkt ist**
riippumatta siitä, mikä sen kehitysaste on kyseisessä maassa
tuolloin;
**Schließlich setzen sie sich überall für die Vereinigung und
Zustimmung der demokratischen Parteien aller Länder ein**
Lopuksi he työskentelevät kaikkialla kaikkien maiden
demokraattisten puolueiden liiton ja sopimuksen puolesta
**Die Kommunisten verschmähen es, ihre Ansichten und
Ziele zu verheimlichen**
Kommunistit eivät halua salata näkemyksiään ja tavoitteitaan
**Sie erklären offen, dass ihre Ziele nur durch den
gewaltsamen Umsturz aller bestehenden gesellschaftlichen
Verhältnisse erreicht werden können**
He julistavat avoimesti, että heidän päämääränsä voidaan
saavuttaa vain kukistamalla voimakeinoin kaikki olemassa
olevat yhteiskunnalliset olot

**Mögen die herrschenden Klassen vor einer
kommunistischen Revolution zittern**
Annetaan hallitsevien luokkien vapisemaan kommunistisesta
vallankumouksesta
Die Proletarier haben nichts zu verlieren als ihre Ketten
Proletaareilla ei ole muuta menetettävää kuin kahleensa
Sie haben eine Welt zu gewinnen
Heillä on maailma voitettavana
ARBEITER ALLER LÄNDER, VEREINIGT EUCH!
KAIKKIEN MAIDEN TYÖLÄISET, LIITTYKÄÄ YHTEEN!